2019年主题出版重点出版物

"十三五"国家重点图书出版规划项目

绿色发展新理念
绿色企业

生态环境部宣传教育中心 ◇ 主编

人民日报出版社

图书在版编目（CIP）数据

绿色发展新理念·绿色企业/生态环境部宣传教育中心主编. -- 北京：人民日报出版社，2019.5
ISBN 978-7-5115-5761-2

Ⅰ.①绿… Ⅱ.①环… Ⅲ.①绿色经济—经济发展—研究—中国 Ⅳ.①F124.5

中国版本图书馆CIP数据核字(2018)第288503号

书　　名：	绿色发展新理念·绿色企业
作　　者：	生态环境部宣传教育中心
出 版 人：	董　伟
责任编辑：	袁兆英　刘晴晴
封面设计：	邢海燕
出版发行：	人民日报出版社
社　　址：	北京金台西路2号
邮政编码：	100733
发行热线：	（010）65369509　65369527　65369846　65363528
邮购热线：	（010）65369530　65363527
编辑热线：	（010）65363105
网　　址：	www.peopledailypress.com
经　　销：	新华书店
印　　刷：	大厂回族自治县彩虹印刷有限公司
开　　本：	880mm×1230mm　1/32
字　　数：	127千字
印　　张：	5.5
印　　次：	2019年6月第1版　2019年10月第2次印刷
书　　号：	ISBN 978-7-5115-5761-2
定　　价：	39.00元

习近平谈生态文明

加快生态文明体制改革,建设美丽中国。

——党的十九大报告

生态文明建设是关系中华民族永续发展的根本大计。生态兴则文明兴,生态衰则文明衰。

——在全国生态环境保护大会上的重要讲话

2018年5月18日

我们要建设的现代化是人与自然和谐共生的现代化,既要创造更多物质财富和精神财富以满足人民日益增长的美好生活需要,也要提供更多优质生态产品以满足人民日益增长的优美生态环境需要。

——党的十九大报告

生态环境是关系党的使命宗旨的重大政治问题,也是关系民生的重大社会问题。

——在全国生态环境保护大会上的重要讲话

2018年5月18日

我们既要绿水青山,也要金山银山。宁要绿水青山,不要金山银山,而且绿水青山就是金山银山。我们绝不能以牺牲生态环境为代价换取经济的一时发展。我们提出了建设生态文明、建设美丽中国的战略任务,给子孙留下天蓝、地绿、水净的美好家园。

——在哈萨克斯坦纳扎尔巴耶夫大学的讲演

2013年9月7日

倡导简约适度、绿色低碳的生活方式,反对奢侈浪费和不合理消费,开展创建节约型机关、绿色家庭、绿色学校、绿色社区和绿色出行等行动。

——党的十九大报告

编委会

总　　序　曲格平　　顾　　问　解振华
主　　编　贾　峰　　副 主 编　闫世东　张建宇
执行主编　曾红鹰

《绿色发展新理念·绿色企业》

主　　　　编　乔　琦　刘景洋　方　琳
本书编写人员　曹　磊　孟立红　吴　佳　董　莉
　　　　　　　阮久莉　杨　奕　刘晓飞　韩　毅
　　　　　　　姚　扬　袁　轶　毛应淮　刘之杰
　　　　　　　鄢靖轩　张　琳　唐大为

总　序

生态文明建设是关系中华民族永续发展的根本大计。党的十八大以来，以习近平同志为核心的党中央站在坚持和发展中国特色社会主义、实现中华民族伟大复兴中国梦的战略高度，把生态文明建设和生态环境保护摆在治国理政的重要位置，谋划开展了一系列根本性、开创性、长远性工作，推动生态文明建设从实践到认识发生历史性、转折性、全局性变化。

2018年5月召开的全国生态环境保护大会正式确立了习近平生态文明思想，这是大会最大的亮点，是标志性、创新性、战略性的重大理论成果。习近平生态文明思想内涵十分丰富，集中体现为生态兴则文明兴、生态衰则文明衰的深邃历史观，人与自然和谐共生的科学自然观，绿水青山就是金山银山的绿色发展观，良好生态环境是最普惠的民生福祉的基本民生观，山水林田湖草是生命共同体的整体系统观，用最严格制度保护生态环境的严密法治观，全社会共同建设美丽中国的全民行动观，共谋全球生态文明建设的共赢全球观。习近平生态文明思想是习近平新时代中国特色社会主义思想的重要组成部分，深刻回答了"为什么建设生态文明、建设什么样的生态文明、怎样建设生态文明"等重大理论和实践问题。

做好新时代生态环境保护工作，最根本的就是要深入学习贯彻习近平生态文明思想和全国生态环境保护大会精神。习近平总书记在全国生态环境保护大会上强调，要自觉把经济社会发展同生态文明建设统筹起来，加快形成绿色发展方式和生活方式。在2018年中央经济工作会议上，总书记将加快绿色发展作为我国重要战略机遇期的新内涵。党的十九大报告特别指出，我们要建设的现代化是人与自然和谐共生的现代化，既要创造更多物质财富和精神财富以满足人民日益增长的美好生活需要，也要提供更多优质生态产品以满足人民日益增长的优美生态环境需要。

推进绿色发展是实现人与自然和谐共生的必由之路。党的十九大报告指出，要加快建立绿色生产和消费的法律制度和政策导向，建立健全绿色低碳循环发展的经济体系。构建市场导向的绿色技术创新体系，发展绿色金融，壮大节能环保产业、清洁生产产业、清洁能源产业。推进能源生产和消费革命，构建清洁低碳、安全高效的能源体系。推进资源全面节约和循环利用，实施国家节水行动，降低能耗、物耗，实现生产系统和生活系统循环链接。倡导简约适度、绿色低碳的生活方式，反对奢侈浪费和不合理消费，开展创建节约型机关、绿色家庭、绿色学校、绿色社区和绿色出行等行动。我们要坚定不移贯彻绿色发展理念，进一步发挥生态环境保护的倒逼作用，加快推动经济结构转型升级、新旧动能接续转换，在高质量发展中实现高水平保护、在高水平保护中促进高质量发展。

如何把绿色发展方式和生活方式的新理念贯穿到中小学、大学、社区、家庭、乡村、企业、机关，让更多的人选择绿色出行、绿色消费，了解绿色学习中心、绿色建筑、绿色供应链，是我们在新时代践行绿色发展需要大力解决的实际问题。为此生态环境部宣传教育中心组织了有关部属单位以及清华大学、北京师范大学、首都师范大学、北京教育科学研究院、北京市环境保护宣传中心、江苏省环境保护宣传教育中心、中环联合（北京）认证中心有限公司、公众与环境研究中心（IPE）等机构的数十位专家及学者共同编写了这套"绿色发展新理念·建设美丽中国"系列丛书。

"绿色发展新理念·建设美丽中国"系列丛书包括《绿色发展新理念·绿色乡村》《绿色发展新理念·绿色学校》《绿色发展新理念·绿色家庭》《绿色发展新理念·绿色机关》《绿色发展新理念·绿色企业》《绿色发展新理念·绿色大学》《绿色发展新理念·绿色消费》《绿色发展新理念·绿色建筑》《绿色发展新理念·绿色供应链》《绿色发展新理念·绿色学习中心》《绿色发展新理念·绿色出行》《绿色发展新理念·绿色社区》，共计12册。本套丛书旨在全面落实习近平生态文明思想和全国生态环境保护大会精神，推动形成绿色发展方式和生活方式，提高社会公民，尤其是基层干部、教育工作者、社区和企事业单位管理者对绿色发展的理解，并为其提供可操作性强的实践方法，激发全社会践行绿色发展的自觉性和主动性。

本套丛书的编写人员"术业有专攻"，在深入学习领会习近平生态文明思想和全国生态环境保护大会精神，以及广泛参阅文献的基础上结合相关实践经验编写完成。本套丛书的亮点在于不仅展现了我国生态文明建设的最新成果，还详细列举了许多国内外的成功经验与做法，内容科学准确，可以作为各个领域特别是干部和公众进一步深入学习贯彻习近平生态文明思想的操作指南，具有较强的可读性和借鉴意义。

曲格平

2019年3月于北京

前　言

　　党的十九大报告提出"加快生态文明体制改革，建设美丽中国"，并在"推进绿色发展"章节中明确提出"加快建立绿色生产和消费的法律制度和政策导向，建立健全绿色低碳循环发展的经济体系"，倡导开展创建节约型机关、绿色家庭、绿色学校、绿色社区和绿色出行等行动。《绿色企业》一书是由生态环境部宣传教育中心组织编写的"绿色发展新理念·建设美丽中国"系列丛书之一，主要内容包括绿色企业的概念、绿色企业创建的意义、绿色企业具备的特征、绿色企业创建案例、绿色企业创建的要点和绿色企业的未来等。本书旨在通过宣传，提高企业绿色发展意识，将绿色发展理念落实到企业运营中，让更多读者了解企业如何实现绿色发展，了解在新时代企业层面践行绿色发展需要解决的实际问题。

　　《绿色企业》一书是由中国环境科学研究院、生态环境部宣传教育中心、中环联合（北京）认证中心有限公司共同编写完成。本书依照绿色发展系列丛书统一要求，在内容和章节的编排上精心设计，在参考大量文献和收集企业一手素材的基础上，力求贴合实际，通俗易懂，力争对推动企业形成绿色发展方式具有参考价值。

　　本册由乔琦、刘景洋、方琳任主编。全书大纲设计由乔琦、刘景洋、曹磊完成。第一章由吴佳编写，第二章第一节至第三节由董莉编写，第二章第四节、第五节和第七节由阮久莉编写，第二章第六节由刘晓飞、韩毅编写，第三章由方琳编写，第四章由杨奕编写，第五章由孟立红编写，全书统稿由方琳完成，姚扬、袁轶、毛应淮、刘之杰、鄢婧轩、张琳对书稿进行了审阅、修订、整理并为图书的出版做了大量的工作。本书在编写过程中，得到多位行业专家的指导，得到多个企业的支持和帮助，以及生态环境部宣传教育中心贾峰、闫世东、曾红鹰及美国环保协会北京代表处张建宇等领导的指导，在此一并表示衷心的感谢。

本书供各级领导干部、企业管理人员、教育工作者，及所有热爱绿色发展、关心国家生态文明建设的读者使用。

由于编者学识水平有限，书中难免存在错误和疏漏之处，恳请读者批评指正。

乔琦、刘景洋、方琳
2019年1月

目录 Contents

第一章 推进绿色发展创建绿色企业 / 1

　　第一节　绿色企业的概念和内涵 / 3

　　第二节　绿色企业理念发展 / 9

　　第三节　绿色企业发展新机遇 / 13

　　第四节　绿色企业创建的意义 / 14

第二章 看一看：绿色企业的多面性 / 17

　　第一节　绿色设计 / 19

　　第二节　绿色生产 / 25

　　第三节　绿色会计 / 34

　　第四节　绿色管理 / 42

　　第五节　绿色合作机制 / 51

　　第六节　绿色产品 / 59

　　第七节　绿色领跑者 / 66

第三章 学一学：国内外绿色企业创建案例及成效 / 71

　　第一节　合肥JDF光电科技有限公司 / 73

　　第二节　YD空调有限公司 / 79

第三节　LHLH（中国）有限公司 / 84

第四节　YHJL集团 / 90

第五节　ZXBF集成电路制造（北京）有限公司 / 96

第四章　怎么做：如何创建绿色企业 / 101

第一节　绿色工厂的创建标准 / 104

第二节　创建绿色企业的要点 / 115

第三节　创建绿色企业的成效 / 123

第五章　想一想：绿色企业的未来 / 127

第一节　绿色企业发展趋势 / 129

第二节　绿色企业与我们的生活 / 148

参考文献 / 153

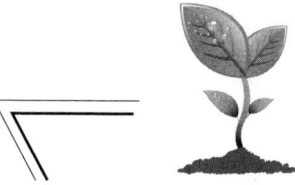

第一章

推进绿色发展创建绿色企业

企业粗放型发展模式不但浪费资源，还造成了严重的环境污染和生态破坏。党的十八届五中全会提出绿色发展理念，党的十九大报告提出"推进绿色发展"，对企业而言，就是要创建绿色企业，发展绿色经济。创建绿色企业，实现企业发展绿色化，是实现绿色发展的必然要求，是推进生态文明建设的必然选择。

第一节　绿色企业的概念和内涵

一、绿色企业的概念及内涵

绿色企业，又称环境意识企业，因其提出和研究的历史较短，概念和内涵尚处于探索阶段，至今还没有统一的定义。通过借鉴美国制造工程师学会编写的蓝皮书观点、综合我国现有研究文献，绿色企业的基本内涵可描述为：以制造和销售"无害环境"的产品（即绿色度高或符合标准和法规要求的产品）为前提，运用绿色高新技术，开发清洁生产工艺，生产环境友好产品的企业。绿色企业涉及的领域包括三个部分：一是制造领域，包括产品生命周期全过程；二是环境领域；三是资源领域。绿色企业就是这三大领域内容的交叉和集成（见图1-1）。

绿色企业是一种环境效益好、自然资源利用率高的现代化企业模式，是综合经济效益、环境效益和社会效益的最优企业发展模式。它把环境保护的理念融合到整个生产经营过程中，在产品生产的各个环节，绿色企业都把环境因素和节约资源放在首要位置，大大降低了对生态环境的破坏。绿色企业不仅对社会公众的消费需求给予了充分满足，在此基础上还节约了资源，减少了对环境的破坏，它通过追求零污染、减少毒害和资源浪费的最小化，实现自身经济利益和环境效益的共同可持续发展。

绿色企业的发展同生态环境紧密相关,它能充分合理地利用自然资源,其生产的产品或提供的服务对人体健康和生态环境的副作用很小乃至无害,其产生的废弃物能够多层次综合利用,追求较高的资源利用率。它形成了一种企业能够实现可持续发展的模式,是追求社会效益、经济效益和环境效益共赢的理想的企业发展模式。

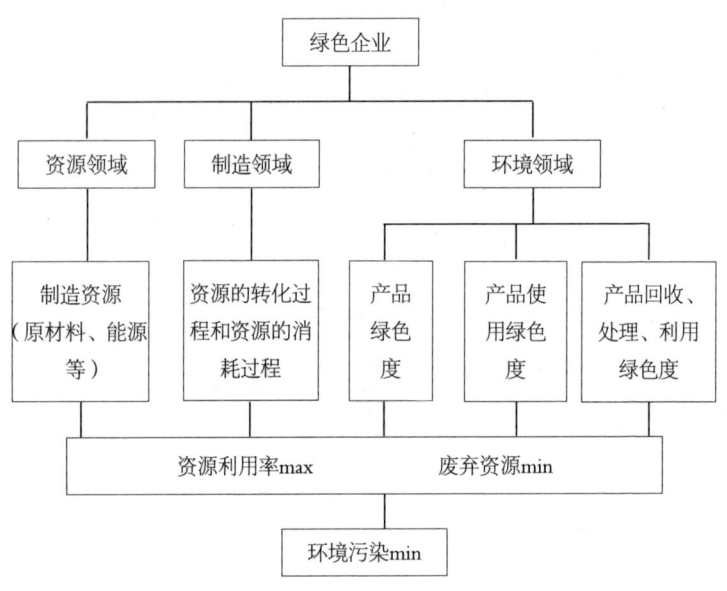

图1-1 绿色企业资源主线

资料来源:乔永峰,马京生.绿色企业的评价指标体系及评价方法研究[J].经济论坛,2011,2:188-194.

二、绿色企业的基本内容

绿色企业与传统企业不同,在其内容中,绿色理念是指导思想,绿色技术是关键,绿色产品是核心,绿色工厂是主体,绿色运营是保障。

1. 贯彻绿色理念

绿色理念即企业在生产的同时注重环境保护,追求可持续发展的理念。绿色理念要求企业加强对员工环保意识的培养和教育,提高企业员工和社会公众的环保意识。企业还应积极参与社会环保公益事业,利用企业自身的影响力号召社会公众转变消费观念,使全社会在企业的积极引领下共同参与到环境保护中来,使企业的生产和社会公众的消费都建立在人类环境可持续发展的基础之上。

2. 推行绿色技术

绿色技术是指企业在生产过程中利用高新科技获得经济利润的同时环境效益亦较好的技术,它是促进企业实现可持续发展的必要条件。随着科技的发展,绿色技术的概念也会不断变化。绿色技术是可持续技术,是创建绿色企业并实现企业经济可持续发展的重要因素。

推行绿色技术,首先推进清洁生产技术改造。针对二氧化硫、氮氧化物、化学需氧量、氨氮、烟(粉)尘、VOC、五类重金属等主要污染物,积极引导重点行业企业实施清洁生产技术改造,逐步建立基于技术进步的清洁生产高效推行模式。在京津冀、长三角、珠三角、东北地区等重点区域组织实施钢铁、建材、化工等重点行业清洁生产水平提升工程，降低二氧化硫、氮氧化物、烟（粉）尘、VOC排放强度。在长江、黄河等七大流域组织实施重点行业清洁生产水平提升工程，降低造纸、化工、印染、化学原料药、电镀等行业废水排放总量及化学需氧量、氨氮、五类重金属等污染物排放强度。推进工业领域土壤污染源头防治，推广先进适用的土壤修复技术装备和产品。

推行绿色技术，其次推广绿色基础制造工艺。推广清洁高效制造工艺，以铸造、热处理、焊接、涂镀等领域为重点，推广应用合金钢无氧化清洁热处理、真空低压渗碳热处理、感应热处理等高效节能热处理工艺，无铅波峰焊接抗氧化、氮气保护无铅再流焊接、高效节材摩擦焊等焊接工艺，绿色化除油、无铅电镀、三价铬电镀、电镀铬替代等清洁涂镀技术，减少制造过程的能源消耗和污染物排放。推进短流程、无废弃物制造，重点发展近净成形、数字化无模铸造、增材制造、新型防腐蚀等短流程绿色节材工艺技术，以及干式切削加工、低温微量润滑切削加工、铸件余热时效热处理等无废弃物制造技术，减少生产过程的资源消耗。

3. 开发绿色产品

绿色产品是指符合环保法律法规规定，对环境的污染较少，便于回收再利用的产品。绿色产品的整个生产过程都把环境保护放在第一位，注重节约资源与资源的循环化利用。

开发绿色产品，应按照产品全生命周期绿色管理理念，遵循能源资源消耗最低化、生态环境影响最小化、可再生率最大化的原则，大力开展绿色设计示范试点，以点带面，加快开发具有无害化、节能、环保、低耗、高可靠性、长寿命和易回收等特性的绿色产品。积极推进绿色产品第三方评价和认证，发布工业绿色产品目录，引导绿色生产，促进绿色消费。建立各方协作机制，开展典型产品评价试点，建立有效的监管机制。

4. 创建绿色工厂

创建绿色工厂，要求企业按照厂房集约化、原料无害化、生产洁净化、废物资源化、能源低碳化的原则分类创建绿色工厂。引导企业按照绿色工厂建设标准建设、改造和管理厂区，集约利用厂区。鼓励企业使用清洁原料，对各种物料严格分选、合规堆放，避免污染。优先选用先进的清洁生产技术和高效末端治理装备，推动水、气、固体污染物资源化和无害化利用，降低厂界环境噪声、振动以及污染物排放，营造良好的职业卫生环境。采用电热联供、电热冷联供等技术提高工厂一次能源利用率，设置余热回收系统，有效利用工艺过程和设备产生的余（废）热。提高工厂清洁和可再生能源的使用比例，建设厂区光伏电站、储能系统、智能微电网和能管中心。

5. 鼓励绿色运营

绿色运营是指在企业经营管理的各个层面都融入环境保护的观念，将绿色、环保的特性贯彻到企业运营的各个层次、领域和过程，即企业在追求自身经济增长的同时，经营方针和考核体系中应将环保责任纳入其中，设立相应的环保部门，进行相应的环保绩效考核，监督员工的环保行为，等等。通过种种具体的环保管理行为，来实现社会和环境的可持续发展。

鼓励企业绿色运营，旨在支持企业实施绿色战略、绿色标准、绿色管理和绿色生产，开展绿色企业文化建设，提升品牌绿色竞争力。引导企业建立集资源、能源、环境、安全、职业卫生为一体的绿色管理体系，将绿色管理贯穿于企业研发、设计、采购、生产、营销、服务等全过程，实现生产经营管理全过程绿色化。培育一批具有自主品牌、核心技术能力强的绿色龙头骨干企业，发挥大型企业集团示范带动作用，在绿色发展上先行先试，引导企业建立信息公开制度，定期发布社会责任报告和可持续发展报告。

第二节　绿色企业理念发展

一、绿色企业理念的发展

推进绿色发展是生态文明建设的必由之路,要牢固树立创新、协调、绿色、开放、共享的发展理念,全面落实制造强国战略,坚持节约资源和保护环境基本国策,高举绿色发展大旗;紧紧围绕资源能源利用效率和清洁生产水平提升,以传统工业绿色化改造为重点,以绿色科技创新为支撑,以法规标准制度建设为保障,实施绿色制造工程;加快构建绿色制造体系,大力发展绿色制造产业,推动绿色产品、绿色工厂、绿色园区和绿色供应链全面发展;建立健全工业绿色发展长效机制,提高绿色国际竞争力,走高效、清洁、低碳、循环的绿色发展道路,推动工业文明与生态文明和谐共融,实现人与自然和谐相处。

中共中央、国务院发布的《关于加快推进生态文明建设的意见》也明确提出:"坚持把绿色发展、循环发展、低碳发展作为基本途径","从根本上缓解经济发展与资源环境之间的矛盾,必须构建科技含量高、资源消耗低、环境污染少的产业结构,加快推动生产方式绿色化,大幅提高经济绿色化程度,有效降低发展的资源环境代价","发展循环经济,按照减量化、再利用、资源化的原则,加快建立循环型工业、农业、服务业体系,提高全社会资源产出率","调整优化产业结构","发展绿色产业"。

推进绿色发展,企业责无旁贷。近两年,工信部先后发布实施了《工业绿色发展规划(2016—2020年)》和《绿色制造工程实施指南(2016—2020年)》,扎实推进绿色制造工程各项任务。一是加大政策支持力度。利用财政资金支持225个重大绿色制造项目,打造以绿色标准、绿色工厂、绿色产品、绿色园区和绿色供应链为核心的绿色制造体系。利用国开行绿色信贷支持454个绿色制造重点项目建设,带动重点行业资源能源利用效率提高。二是加快构建绿色制造体系,推动开发绿色产品,建设绿色工厂和绿色园区,打造绿色供应链。2017年8月,第一批绿色制造示范单位名单发布,包括201家绿色工厂、193种绿色设计产品、24个绿色园区、15家绿色供应链管理示范企业。2018年1月,第二批绿色制造示范单位名单发布,包括189家绿色工厂、53种绿色设计产品、22个绿色园区、4家绿色供应链管理示范企业。三是加强绿色制造标准体系建设,进一步发挥标准在绿色制造体系建设中的引领作用,启动工业节能与绿色标准化行动计划,力争到2020年,在绿色制造重点领域制修订300项重点标准,基本建立工业节能与绿色标准体系。四是积极开展国际合作,推进中美、中欧、中法、中意以及国际组织等绿色制造交流,不断拓宽合作范围。

二、创建绿色企业面临的困境

我国绿色企业的建设与发展虽取得了一定的成就,但依然存在许多问题,表现在以下几个方面。

1. 许多企业经营者和管理者对绿色化建设与发展认识不够

我国创建绿色企业，推进绿色发展仍处于探索阶段。一些企业经营者和管理者缺乏环保意识和绿色发展观念，对企业自身的绿色化建设和发展认识不足，重视不够，仍然固守传统发展理念，采取粗放型发展模式。一些企业仍旧遵循高投入、高消耗、高污染、低产出、低效益的经济增长模式组织生产，在生产经营活动中盲目追求企业自身的经济利益，轻视甚至无视生态环境效益，造成严重的资源浪费、环境污染和生态破坏问题。

2. 政府对绿色企业建设与发展的政策支持力度不足

在绿色企业的建设与发展过程中，必须增加投资用于开发绿色技术，生产绿色产品，实现生产过程的绿色化，这样就要增加企业的生产成本，导致绿色产品的价格普遍高于其他同类产品的一般价格，影响市场销售。一些企业为了追求利润的最大化，宁愿以牺牲环境为代价，也绝不会主动增加投资。绿色企业需要来自政府的政策支持，扶持其开发绿色技术和生产绿色产品。目前促进我国绿色企业建设与发展的政策支持力度不足，政府对绿色企业的优惠政策不够完善。

3. 绿色企业建设与发展的相关法律制度保障滞后

我国环境保护法律制度建设起步较晚，与市场经济的快速发展相比，环境保护的相关法律制度建设显得相对滞后。如《中华人民共和国循环经济促进法》《中华人民共和国清洁生产促进法》等还存在权责不明确、主体责任凸显不够、执法可操作性差等问题。导致执法部门在执法过程中难以有效地追究责任主体责任，对违法者难以实施有效惩罚，以至于失去了法律的威慑作用。

4. 绿色企业建设与发展中的绿色技术创新瓶颈

绿色企业开发绿色产品需要绿色技术创新的支撑。有关调查分析显示，我国企业技术创新活动存在缺乏资金、人才、信息三个主要方面的障碍。低技术创新能力已成为一些中小型企业绿色发展的主要障碍。当前，绿色技术发展迅速，但是我国绿色技术市场发育不完善，没有形成完备的应用发展体系，绿色技术在企业中尚未充分发挥其应有的作用。面对绿色技术创新的难题，不少企业失去了对绿色技术创新的主动性和积极性。

第三节　绿色企业发展新机遇

党的十九大报告强调："必须树立和践行绿水青山就是金山银山的理念，坚持节约资源和保护环境的基本国策，像对待生命一样对待生态环境，统筹山水林田湖草系统治理，实行最严格的生态环境保护制度，形成绿色发展方式和生活方式，坚定走生产发展、生活富裕、生态良好的文明发展道路。推进绿色发展。加快建立绿色生产和消费的法律制度和政策导向，建立健全绿色低碳循环发展的经济体系。构建市场导向的绿色技术创新体系，发展绿色金融，壮大节能环保产业、清洁生产产业、清洁能源产业。"

《中国制造2025》把绿色发展作为基本方针，全面部署推行绿色制造。《工业绿色发展规划（2016—2020年）》提出，到2020年规模以上单位工业增加值能耗比2015年下降18%，单位工业增加值二氧化碳排放下降22%，工业固体废物综合利用率达到73%，绿色低碳能源占工业能源消费量比重达到15%，绿色制造产业产值达到10万亿元。

绿色发展理念现已成为工业全领域全过程的普遍要求，这将显著提升工业绿色发展整体水平。

第四节 绿色企业创建的意义

一、创建绿色企业的必要性

企业的发展离不开消耗资源和能源,但自然资源尤其是不可再生资源是极为有限的,自然环境的承载能力也是有一定限度的。企业生产要遵守国家和地方的环境法和有关生态环境保护相关规定,生产中产生的污染物必须经过处理才能排放。"十三五"期间,我国贯彻落实绿色发展理念,加强生态文明体制改革,实行最严格的环境法律法规,大力推进生态文明建设。在这种背景下,企业就必须走绿色化发展道路。当前,我国大多数企业发展面临的挑战是如何处理好经济发展与环境保护之间的矛盾。要想解决这一矛盾,必须转变企业粗放型发展方式,把传统企业改造成绿色企业,走绿色发展道路,从而实现企业自身的可持续发展。

二、创建绿色企业的意义

绿色企业是人类社会可持续发展战略的客观要求,也是伴随消费者绿色消费意识的觉醒对企业提出的要求,是国际经济一体化形势下国际贸易标准和规则的迫切要求。绿色企业正从各方面产生影响。

1. 绿色企业理念改变了人们的价值观念

绿色企业正在从各个方面迅速影响着经济、市场,以及企业生存和发展的环境,企业的环境行为日益成为社会各界关注的焦点。

实施绿色企业,将调整企业与自然关系的主动权直接交给了企业,企业由被动变为主动,通过改进管理方式和转变生产经营方式,最大限度地节约或替代资源,降低直至消除废物排放,从末端治理转变为全过程控制。随着绿色企业的实施与完善,企业自身资源消耗和废弃物排放逐步降低,影响和带动消费者和广大公众推行绿色消费方式,最终实现企业与自然、社会的和谐发展。

2. 绿色企业理念促使企业加速转变发展理念

随着市场经济全球化推进,企业要想在国际竞争中取得一席之地,必须参照越来越严格的世界各国环保标准,规范自己的生产和产品,达不到规定的环境标准是无法参与国际竞争的。从企业自身来看,推行绿色企业模式可以实现节能、降耗、减排及增加废物再利用机会,让企业经营成本大幅度降低,同时拥有较高附加值的绿色产品令企业获得可观的利润。因此,实行绿色企业模式,可以实现经济效益和社会效益的双赢。

企业实施绿色发展战略,是一项复杂的系统工程,涉及产品的研究开发、设计、生产制造、销售、使用、报废处理到再生利用整个产品生命周期,还包括经营战略制定、市场研究、原材料、零部件供应,以及质量管理等各方面工作。所有这些都必须建立在企业的组织机构、人力资源管理、企业管理制度和企业文化创新的基础之上。企业应该认识到在推进绿色发展战略的过程中，企业并不仅仅是付出或被动地控制污染，为保护环境尽义务，而应主动地选择清洁生产和环境无害化技术和工艺，最终达到降低成本、提高效益、提高企业员工素质和管理水平，增强企业竞争力的目的。可见，环保产品、环保技术、环保领域的竞争将成为企业竞争的重要领域。

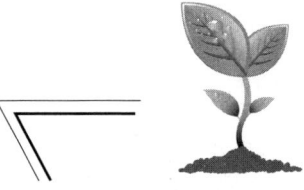

第二章

看一看：绿色企业的多面性

2019年伊始,国务院办公厅印发《"无废城市"建设试点工作方案》,"无废城市"是以创新、协调、绿色、开放、共享的新发展理念为引领,通过推动形成绿色发展方式和生活方式,持续推进固体废物源头减量和资源化利用,最大限度减少填埋量,将固体废物环境影响降至最低的城市发展模式,也是一种先进的城市管理理念。开展"无废城市"建设试点是从城市整体层面深化固体废物综合管理改革,是提升生态文明、建设美丽中国的重要举措,这离不开绿色企业创建的方方面面。

第一节 绿色设计

一、绿色设计概念和内涵

1. 绿色设计的概念

自1992年联合国在巴西召开世界环境与发展大会以来,在各国政府、工业界和环境组织的共同努力下,人们的环境意识得到提升,逐渐改变了消费观念。这迫使供应产品的工业界面对"绿色"需求的压力,不得不重新设计现有产品生产过程和产品消费后的环境效应,"产品绿色设计"应运而生。

绿色设计,也称为生态设计,是指在产品设计时着重考虑产品在整个生命周期内各个环节的环境属性,并将其作为设计目标。在满足环境目标的前提下,保证产品的功能、寿命、质量等方面均符合要求。

2. 绿色设计的内涵

在传统的产品设计中,主要考虑的因子有市场消费需求、产品质量、成本、制造技术的可行性等,未能将生态环境作为产品开发设计的一个重要指标。绿色设计在传统设计的基础上,把环境问题同时纳入产品的设计与制造中,这是绿色设计的关键。绿色设计的最终目标是使产品在原有功能的基础上，具有良好的环境功能。

产品绿色设计在产品开发阶段应综合考虑与产品相关的生态环境问题，设计对环境友好同时又能满足人类需求的一种新的产品设计方法，其理论基础是产业生态学中的工业代谢理论与生命周期评价。将工业生产过程比拟为一个自然生态系统，对系统的输入能源、原材料同产出产品、废物进行综合衡量。在衡量过程中需要进行整个生命周期的分析，即从最初原材料的采掘到最终产品使用后的处理。产品绿色设计需要设计人员、生态学家、环境学家共同参与，通力合作。

绿色设计的主旨是减量化（Reduce）、再利用（Recycle）、再循环（Reuse）、可降解（Degradable），简称为3R1D，主要体现在以下几个方面：（1）低消耗，指适度并合理使用原材料；（2）再利用，使用后的产品经过处理能被再次利用；（3）可回收，指把产品废弃物再利用之后进行回收处理；（4）可循环，指产品在回收处理后再次应用于其他不同的用途，在循环中避免污染；（5）可降解，指无法被回收循环使用的产品，应该可以自然降解、腐化，不形成永久污染。

二、绿色设计的重点

1. 绿色材料选择

传统设计对材料的加工过程及其环境影响考虑较少，所选材料有的难以加工，有的能耗高，有的产品废弃之后无法进行处理处置。因此在设计初期，应当综合考虑产品的性能和功能，选择对生态环境无副作用的环境友好型绿色材料。

绿色材料是指从原料获取、生产、加工、使用、再生和废弃等生命周期全过程中，具有较低环境负荷、较高可循环再生率和良好使用性能的材料。绿色材料的范围较广，不限定在某一特殊的材料种类中。绿色材料是由材料制备工作者在环境意识指导下，或开发新型材料，或改进、改造传统材料而获得的。

绿色环保材料的选择需要遵循以下原则：

（1）技术原则——根据产品的功能、性能以及工作环境等方面的要求进行选择。

（2）材料的环保协调性原则——材料在其生命周期内最大限度地节约能源和资源，尽可能提高材料利用率，减少浪费，尽量选择可再生材料，保护环境。

（3）材料生命周期能量利用率最高原则——输出与输入能量比值最小，在材料生命周期全过程中产出的环境污染最小，对人体健康损害最小。

2. 绿色生产过程

绿色生产的主要原则是强调采用能减轻对环境产生有害影响的制造过程，包括减少有害废物的排放量，降低能耗，提高材料利用率，增加操作安全性等。在设计时，应当尽量避免制造过程中对环境的不友好行为。绿色生产是在不牺牲质量、成本、可靠性、功能或能量利用率的前提下，努力减少工业活动对生态环境造成的影响。

绿色生产过程的设计应当注意以下几个原则：

（1）减排原则——尽量使用清洁能源，减少二氧化碳和其他大气污染物的排放；以源头管理和过程控制为主要手段，减少末端污染物的排放。

（2）循环利用原则——尽量使用再生原材料和绿色材料，减少对原生材料的消耗，实现物质的循环利用。

（3）工艺先进性——使用国内甚至国际先进的生产工艺和生产装备，淘汰落后的生产技术。

3. 产品可拆卸性

产品可拆卸性设计是绿色设计中的主要内容。它要求在产品设计的初级阶段将可拆卸性作为结构设计的一个目标，使产品的连接结构易于拆卸，制造工艺性能好，维护方便。当产品废弃后，对可重复利用部分进行有效再利用，达到节约资源和能源、保护环境的目的。

可拆卸性设计采用产品生命周期设计法，考虑了从产品概念设计到详细设计阶段的全部循环阶段，可拆卸性存在于整个设计阶段之中，是提高产品生命周期的关键之一。在产品建模时，不仅要考虑加工和装配结构工艺性，还要考虑拆卸结构工艺性，把拆卸作为计算机辅助工艺设计的一项重要内容。

4. 绿色回收利用

绿色回收利用设计是在产品设计时，充分考虑产品零部件及材料回收的可能性、回收价值、回收途径、回收处理方法和结构工艺性等与回收有关的一系列问题，以达到零部件及材料资源和能源的充分有效利用，并在回收过程中将环境污染最小化的一种设计思想和方法。回收设计可使材料资源得到最大限度利用，同时还可减少环境污染、

第二章 看一看：绿色企业的多面性

保护生态环境。

绿色回收设计的设计原则：延长产品的使用寿命，减少对材料的使用，减少产品更新换代的速度，达到节约资源的目的；可再利用零部件材料要易于识别分类；尽量使用容易分离的不同材料组合，便于以后的回收工作；在保证与现有产品结构性能不变的条件下，应减少产品中所用材料的种类，同时确保材料在当时条件下要易于回收处理；在不影响产品功能及加工工艺的情况下，尽可能合并零件，若合并零件有困难，也可考虑将零部件分解，将拆卸复杂、难于回收的零部件分解成几个简单零件；尽量采用可以直接拆卸并且可以重新使用的零部件，充分利用资源，节约生产费用，降低生产成本；对再利用有可能产生性能退化的材料或有毒有害材料进行标记，为回收时的材料识别及分类提供便利。

三、绿色设计的案例

戴尔公司设计的一款迷你型的台式机体型小，颜色丰富多彩，充分体现了绿色设计的理念。从外观来说，结构简单大方，一个两头半圆过渡的扁形柱体加上一个简洁设计的外套。外套的后端超出机壳一截，机身的尺寸为196.5mm×71.5mm×211.5mm（含外套），比普通的迷你台式机小80%。Dell Studio Hybrid有6种颜色的半透明塑料（丙烯酸）外套可供选择，另外还有竹子材料做成的外壳。虽然在绿色设计中竹子是常见的材料，在数字消费品上的设计也比较常见，但是在批量上市的产品中比较少见。戴尔将环保绿色作为产品设计的一个元素，除了外观材料作为传递绿色理念的窗口，还在其他方面对绿色设计理念有所突破。比如节能方面，该产品的耗电量比普通的迷你机减少30%，不超过65瓦；外包装材料比能源之星的标准重量减轻30%，其中95%是可回收的；产品内的材料同时减轻了75%，增加了回收工具包等细节都充分体现了绿色设计的理念。

第二节 绿色生产

一、绿色生产概念和内涵

1. 绿色生产的概念

在20世纪80年代，工业污染控制方式出现了重大的变革：以西方发达国家"末端处理"式的先污染后治理方式转化为以污染防范为主的污染控制战略，这种新战略被联合国环境规划署称为"清洁生产"战略。"清洁生产"谋求合理利用资源，减少整个工业活动对人类和环境的风险，是经济可持续发展的一个有力工具。

按照联合国环境规划署1996年的定义，清洁生产是指将整体预防的环境战略持续应用于生产过程、产品和服务中，以期增加生态效率并减少对人类和环境的风险。2002年，《中华人民共和国清洁生产促进法》则对清洁生产进行了如下定义：清洁生产是指不断采取改进设计、使用清洁的能源和原料、采用先进的工业技术与设备、改善管理、综合利用等措施，从源头消减污染、提高资源利用效率，减少或者避免生产、服务和产品使用过程中污染物的产生和排放，以减轻或消除对人类健康和环境的危害。

绿色生产与清洁生产的概念并无太大差别，绿色生产定义按照有利于生态环境保护的原则来组织生产过程，创造出绿色产品，满足绿色消费。较之以往清洁生产的概念更加专注于工业生产,绿色生产在某种意义上内涵比清洁生产更广。

2. 绿色生产的内涵

绿色生产的本质,从产品的全生命周期过程来讲,是指在生产过程与产品采取整体预防的环境策略,减少或者消除对人类及环境的可能危害,同时充分满足人类需要,使社会经济效益最大化的一种生产模式。具体措施包括:不断改进设计;使用清洁的能源和原料;采用先进的工艺技术与设备;改善管理;综合利用;从源头削减污染,提高资源利用效率;减少或者避免生产、服务和产品使用过程中污染物的产生和排放。绿色生产是实施可持续发展的重要手段。

绿色生产是一个相对的、动态的概念。所谓的绿色生产和绿色产品都是相对于原来的生产过程和产品而言的,所以绿色生产本身是一个不断完善的过程,随着技术进步和经济发展,绿色生产的内涵也将不断更新进步。生产绿色产品的企业应在生产中引入绿色生产、清洁生产的观念,对原有的高物耗、高能耗、高污染的生产设备进行改造。

二、绿色生产的重点

1. 绿色资源和清洁能源

绿色资源是指土地、水、气候、生物(包括动植物、森林、畜牧、渔业、草原等)。与绿色材料相比,绿色资源是指未经过工业生产加工的存在于自然环境中的资源。绿色资源是绿色生产中的重要基础，必须走合力开发、节约利用、珍惜保护资源的道路，坚持执行开发利用与保护并重的战略方针，建立明确的管理责任制。

清洁能源即绿色能源，是指不排放污染物、能够直接用于生产生活的能源，它包括核能和可再生能源。可再生能源是指原材料可以再生的能源，如水力发电、风力发电、太阳能、生物能、地热能以及潮汐能源等。可再生能源不存在能源耗竭的可能，因此可再生能源的开发和利用，日益受到许多国家的重视。

传统意义上清洁能源是指对环境友好的能源，近年来对清洁能源更为准确的定义是对能源清洁、高效、系统化应用的技术体系。主要分为三点：一是清洁能源不是对能源的简单分类，而是指能源利用的技术体系；二是在强调清洁性的同时也强调经济性；三是清洁能源符合一定的排放标准。

2. 先进工艺以及新设备

生产工艺和设备是实施工业生产的核心，决定了企业生产效率、资源能源消耗效率、管理水平等众多关键指标。改革生产工艺，开发新的工艺技术，更新生产设备，淘汰陈旧设备，使用资源和能源利用率高、原材料转化率高、污染物产生量少的新工艺和设备，代替资源浪费大、污染严重的落后工艺设备，优化生产程序，减少生产过程中资源浪费和污染物的产生，尽最大努力实现少废或无废生产。

在工业革命上的历史进程中，每一次工业技术的重大变革，都标志着对能耗、物耗、水耗以及管理水平等方面质的飞跃和提升。对生产工艺和生产装备进行不断创新，是实施清洁生产的重要保障。依靠科技进步，提高企业技术创新能力，开发、示范和推广清洁生产技术设备。加快企业技术改造步伐，提高工艺技术装备和水平，通过重点技术进步项目或工程，落实清洁生产。

3. 资源的循环和回收利用

清洁生产是循环经济理论具体表现。循环经济是一种生态经济，要求运用生态学规律指导人类社会的经济活动。循环经济不同于传统经济，它将经济活动组织成一个"资源—产品—再生资源"的反馈式流程，以低开采、高利用和低排放为特征，让所有的物质和能源得到合理和持久的利用，将经济活动对自然环境的影响降到最小。传统经济是"资源—产品—污染排放"单向流动的线性经济，其特征是投入高、产出高、污染高。与之相比，循环经济可使经济与环境和谐发展。

在绿色生产的过程中会尽量减少和降低废物的产生，尽可能高效转化生产的效率。根据物质和能量守恒定律，在大多数生产行业中，所有的原材料均不可能100%转化为成品，某种程度上会产生一定量的各种形态的废物。生产过程中工件的传递、物料的输送，加热反应中物料的挥发、沉淀，加之操作的不当，设备的泄漏等原因，都会造成物料的流失。工业生产中的"三废"实质上是生产过程中流失的原辅料，中间体和副产品及废品废料。将产生的废物作为再生资源投入到生产环节中，可以实现物料的闭合循环和再生利用。

资源管理是企业实施清洁生产的重要环节。企业实施清洁生产，在原料选择上需要着重考虑其重复利用与可循环性。具有重复利用与再循环性的物料可以通过提高环境质量和减少成本获得经济与环境收益。生产过程中引进生命周期分析，确定产品生命周期的某一阶段中可能出现削减或替代原料投入，以最有效最低费用消除污染物和废物，使得生产过程中获得更大资源回用和清洁生产产品。

4. 污染物防控

20世纪六七十年代，由于经济快速发展，忽视对工业污染的防治，致使环境污染问题日益严重。通过多年实践发现，仅着眼于污染物的末端处理，使排放的污染物通过治理达标的办法，虽然可在短时间内或在局部地区起到一定作用，但是并未从根本上解决工业污染的问题。一般末端治理污染的办法是先通过必要的预处理，再进行生化物化处理后排放。有些不能生物降解的污染物，只是稀释排放，不仅污染环境，甚至治理不当还会造成二次污染；有的治理只是将污染物转移，废气变废水，废水变废渣，废渣堆放填埋，污染土壤和地下水，形成恶性循环，破坏生态环境。只着眼于末端处理的办法，不仅需要大量投资，还会使一些可以回收的资源（包含未反应的原料）得不到有效回收利用而流失，致使企业原材料消耗增高，产品成本增加，经济效益下降，从而影响企业治理污染的积极性和主动性。

工业污染不能只靠末端处理，必须以"源头控制，过程管理"为主。将污染物消除在生产过程之中，实行工业生产全过程控制。在生产过程中通过工艺技术的革新以及使用新的生产装备等方式，尽最大可能提高资源能源的转化效率，减少污染物的末端排放。当然，污染物不可能在生产过程中全部消纳和消除，也会产生一部分需要末端治理，然而这已经给末端治理大大减轻了负担，在经济效益和环境效益方面均取得了较大成效。

三、绿色生产的案例

广西贵糖（集团）股份有限公司的制糖以及蔗渣造纸是清洁生产和循环经济的典型案例，主要分为以下几个系统：

1. 蔗田系统

建成现代化甘蔗园，通过良种良法和农田水利建设，向园区提供高产、高糖、安全、稳定的甘蔗（包括有机甘蔗）原料，保障园区制造系统有充足的原料供应。

2. 制糖系统

通过制糖新工艺改造、低聚果糖生物工程，生产出高品质的精炼糖以及高附加值的有机糖、低聚果糖等产品。

3. 酒精系统

通过能源酒精生物工程和酵母精工程，有效地利用甘蔗制糖副产品——废糖蜜，生产出能源酒精和高附加值的酵母精等产品。

4. 造纸系统

通过绿色制浆工程，改造、扩建制浆造纸规模（含高效碱回收），充分利用甘蔗制糖副产品——蔗渣，生产出高质量的生活用纸、高级文化用纸等产品。

5. 热电联产系统

通过使用甘蔗制糖的副产品——蔗髓替代部分燃料煤，进行热电联产，向制糖系统、酒精系统、造纸系统以及其他辅助系统提供生产所必需的电力和蒸汽，保障园区生产系统的动力、热力供应。

6. 环境综合处理系统

通过除尘脱硫、节水工程以及其他综合利用，为园区制造系统提供环境服务，包括废气、废水、废渣的综合利用与资源化处理，生产水泥、轻质碳酸钙等副产品，进一步利用酒精系统的副产品——酒精废液制造甘蔗专用有机复混肥，并向园区各系统提供中水回用，节约水资源。

从2001年到2015年，广西贵糖（集团）股份有限公司不断改进生产工艺（见图2-1和图2-2），榨季2015年的新鲜水耗比2001年降低了78.18%左右；非榨季2015年的新鲜水耗比2001年降低了77.82%。污水的排放量，在榨季，园区2015年的废水排放量比2001年降低了84.20%，非榨季2015年的废水排放量比2001年降低了86.03%。

2015年COD排放量为468.845吨，比2010年污普动态更新COD排放量3615.54吨，削减了3146.695吨，达到并超出了"十二五"期间COD削减量1229吨的要求；2015年二氧化硫排放量为201.45吨，比2010年污普动态更新SO_2排放量1780吨，削减了1578.55吨，达到并超出了"十二五"期间SO_2削减量的要求。

通过喷淋水厌氧消化产生了沼气量为268.89标态立方米/年，外购电力减少了5.24%，外购原煤减少了25.04%，用于解决生活用纸厂高温气罩的燃料问题，每年可节约2945t标准煤。

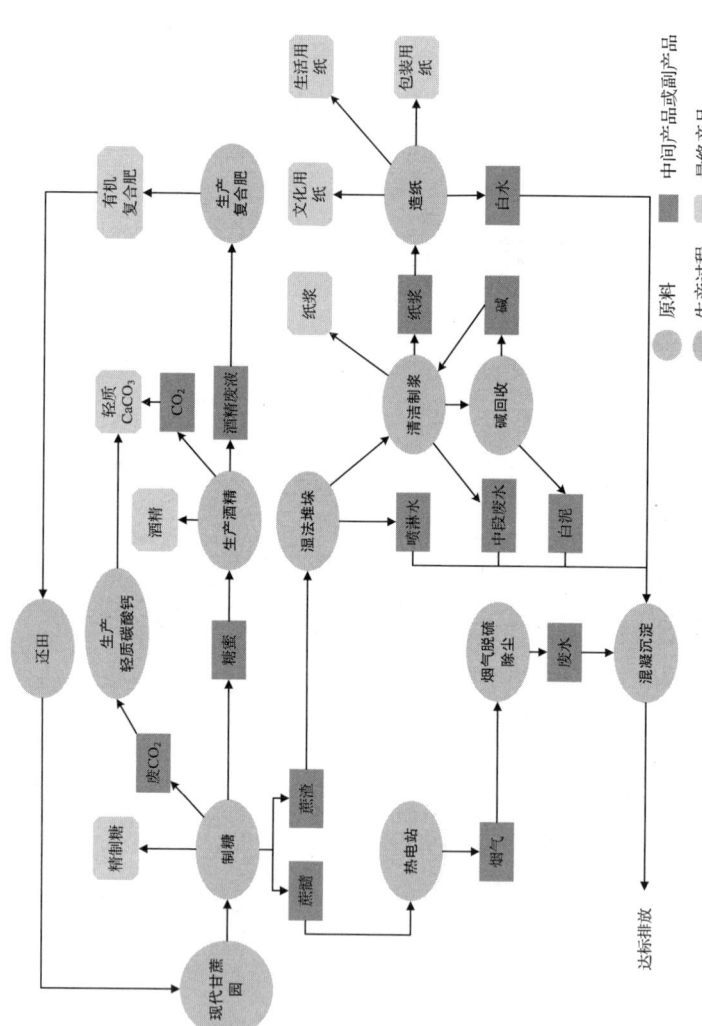

图2-1 2001年贵糖生态工业链

资料来源：广西贵糖（集团）股份有限公司提供。

第二章 看一看：绿色企业的多面性

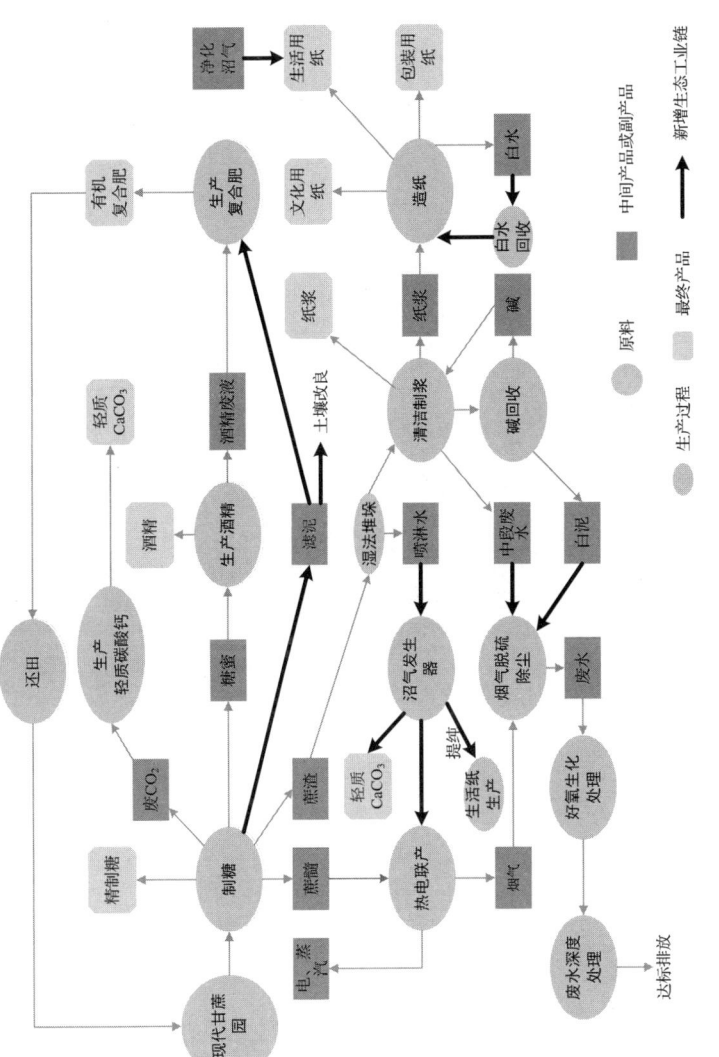

图2-2　2015年贵糖生态工业链

资料来源：广西贵糖（集团）股份有限公司提供。

第三节　绿色会计

一、绿色会计的概念和内涵

1. 绿色会计的概念

绿色会计理论与制度建构涉及的可持续发展问题关系到人类的生存和发展，它与传统会计理论的撞击便形成了绿色会计，其目的是找到经济效益、社会效益和生态效益的最佳结合点。工业革命以后，现代工业为人类社会提供丰富的物质产品的同时，也造成了日趋严重的环境污染。人类社会发展所依赖的物质资源和生态环境，呈现出日渐衰竭的征兆，使全球经济发展的自然物质基础被动摇。为解决这一矛盾，自20世纪70年代开始，部分西方经济学家、环境学家、社会学家和生态学家着手研究经济和环境的协调发展问题。

绿色会计是将自然资源和人力资源纳入企业的会计核算对象，根据会计要求对企业使用的环境资源进行适当的货币计量和重要性判断，并采用适当的会计方法记录企业经济活动与环境的关系。促使企业在提高经济效益的同时，努力提高环境效益和社会效益。

2. 绿色会计的内涵

绿色会计，又称环境会计，是将会计学和自然环境相结合，采用多元化的计量手段和属性,以有关环境法律、法规为依据,研究经济发展与环境资源之间的关系;运用专门的方法,将企业对社会资源、环境造成的收益和损失进行确认、计量、揭示和分析,以便为决策者提供相应环境信息的会计理论和方法。绿色会计的基本理论是在修正和拓展传统会计理论的基础上产生和发展的。

长期以来,传统会计理论只从人类经济活动的角度反映和监督企业资本及其运动,按权责发生制、历史成本和复式记账这三大会计基本支柱对发生的经济事项进行会计确认、计量、记录和报告,由环境所引发的经济问题在此得不到答案。绿色会计则以人类的全部活动过程和整个生态环境资源为出发点,围绕着自然资源消耗补偿问题,对环境管理中各个层次的职责履行情况做出确认、计量和报告,在根本上改变了传统会计理论对会计要素的界定。

二、绿色会计理论构建

1. 绿色会计目标

绿色会计行为指南的目标可分为两个层次。一是基本目标。用会计计量、反映和控制社会环境资源,改善社会环境与资源问题,实现经济效益、生态效益和社会效益的同步计量和最优化。基于环境宏观管理的要求,企业在进行生产经营和取得经济效益的同时,必须高度重视生态环境和物质循环规律,合理开发和利用自然资源,坚持可持续发展战略,提高环境效益和社会效益。二是具体目标。企业进行相应的会计核算时,对自然资源的价值、自然资源的消耗、环境保护的支出、改善资源环境带来的收益等进行确认和计量,为政府环保部门、行业主管部门、投资者以及社会公众提供企业环境目标、环境政策及规划等有关会计资料。为相关客体提供环境会计信息的目标是控制与协调经济效益与环境资源的关系，实现环境效益、社会效益和经济效益的同步优化，实现经济发展、社会进步和环境保护的和谐统一。

2. 绿色会计基本假设

绿色会计基本假设除传统的会计主体、持续经营和会计分期外，还增加了可持续发展假设和环境价值假设，并将传统的货币计量假设变为多重计量假设。

可持续发展假设。绿色会计核算的会计主体在自然资源不枯竭、生态资源不降级的基础上，保证社会、经济可持续发展。可持续发展中蕴含了大量生态环境的内容，要求经济与环境必须协调发展。尽管绿色会计中会计主体的经济活动存在许多不确定性，但核算和监督的程序和方法都立足于可持续发展。可持续发展是绿色会计建立的基本前提，是构造绿色会计理论和方法体系的根本条件。

环境价值假设。按照马克思的劳动价值理论，只有用于交换的劳动产品才具有价值。环境资源只有使用价值，没有交换形成的价值和价格，不属于传统会计核算范围。要进行绿色会计核算首先必须承认环境资源是有价值的，它虽不适用于劳动价值理论，却适用于边际价值理论。

多重计量假设。由于环境因素的复杂性和绿色效益的模糊性，若仅以货币为计量单位，不能客观地反映会计主体的环境状况和绿色效益，因此绿色会计在计量上是多重的。以货币计量为主，辅之以实物、百分数或指数等，有时候甚至可以用图表和文字附注加以说明，采用定量与定性相结合，精确性与模糊性相兼容的计量方法。

3. 绿色会计基本原则

绿色会计核算原则除客观性、及时性、明晰性等一般会计原则外，还应包括如下原则。

合法性原则。合法性原则是指绿色会计在核算中要符合、体现国家的方针、政策，遵守国家相关的法律和法规，正确处理企业利润和环境资源保护、企业效益和社会效益的关系。

社会性原则。社会性原则是指绿色会计要求企业必须站在社会的角度、站在对环境资源负责的角度，考虑企业的利益。社会对企业的评价必须舍弃当前单纯以企业的经营利润为标准的观念，代之以企业所创造的绿色利润。同时，企业提供的会计信息，也必须有利于国家的管理和宏观调控。

兼顾经济效益和环境效益原则。绿色会计核算时不仅要考虑企业自身的经济利益，还需兼顾生态和社会环境效益，要综合反映和控制企业的经济效益、资源环境、废弃物及生态环境。会计主体置于生态环境之中及社会生产消费和生态循环均体现到会计模式中，综合计量和揭示企业生产活动给社会生态环境带来的影响，以此来规范企业行为，实现经济的可持续发展。

强制披露与自愿披露相结合原则。在绿色会计核算体系中，政府相关部门或组织应对企业最大限度的环境资源信息披露做出明确的、强制性的规定，同时鼓励企业自觉向社会公众和政府相关部门或组织提供尽可能多的环境资源信息。

4. 绿色会计的确认与计量

绿色会计的客体是企业的环境活动和与环境有关的经济活动。绿色会计的确认是将涉及环境的业务作为会计要素进行记录，并在会计报表中加以确定。绿色会计是在传统会计的基础上考虑环境因素的影响发展起来的，因此在会计要素的划分上和传统会计保持一致，即应划分成资产、负债、所有者权益、收入、费用和利润，在具体内容上应有所不同。例如在资产要素中，绿色会计应设置"环境资产""环境资产损耗准备"和"环境资产净值"；在负债要素中应设置"环境负债"，包括应付环境资源损耗费、应付环境资源保护费和应付环境污染治理费；在所有者权益要素中设置"环境资本"；在收入要素中设置"环境收入"，包括核算企业因采取环境保护和环境治理而由国家给予的补贴、奖金和税收减免，企业回收处理的"三废收入"，其他单位和个人交来的环境损害赔偿或罚款收入；在费用要素中设置"环境费用"，在利润要素中增加"环境利润"等等，用以核算企业在经营过程中发生的与环境相关的经济业务，这也是承认环境资源具有价值的必然结果。

绿色会计的计量是指将涉及环境资源的经济事项作为会计要素加以正式记录并列入会计报表确定其金额的过程。环境资源的价值在计量中存在一定难度，以货币作为主要计量单位的历史成本计价方法在绿色会计计量的运用中存在一定的局限性，尤其是因环境变化所引起的间接收益与间接费用的计量存在困难。一般情况下，环境资源的价值计量可以采用直接市场法、替代性市场法和模糊数学法等，直接市场法又具体包括恢复费用法或重置成本法、防护费用法、市场价值或生产率法、人力资本法或收入损失法等。

三、绿色会计的案例

富士通是日本第一个实行"由第三者认证评价环境保护"的企业，于1996年开始公示《环境经营报告书》，1998年导入《环境会计制度》，是在环境保护管理及环境会计体系等方面受到社会及日本政府高度评价的企业。富士通通过企业明确的环境管理方针及完善的环境管理体系不断创造环境保护成果。富士通公司环境会计案例主要是通过以下三个方面来实施的。

1. 明确制度实施原则

成本效益原则。企业的目标就是生存、发展、获利，这也是实现企业财务管理工作的基本目标。因此，企业在发展过程中对与环境相关的日常支出、收入成本效益进行全面分析，做好环境会计的决策工作。富士通公司在发展过程中已经将环境会计中的"成本效益原则"当成自身发展的核心原则，并据此对企业的财务信息进行核算与披露。

职责与绩效原则。富士通公司在实施环境会计制度时，将其内涵要求进行合理划分，融入各个部门职责中去。不断创新、完善与环境相关的运营成本、活动成本、研发成本等管理工作，减少不必要的资金浪费，提高企业的经济效益。再以一定的绩效考核措施，激发各责任部门降低环境成本、提高环境收益的工作热情，通过部门间的协同与竞争促进环境会计制度的进一步落实。

配比原则。环境会计成本和环境收益之间要做到在同一期间互相配比，定期对企业环境成本与收益状进行合理分析，按照时间顺序把环境成本划分为预防成本、进行中成本、事后成本三部分，加强环境成本核算，完善环境成本的控制质量与效率。根据不同阶段实际采取更有效的处理方式，做好环境成本的控制、管理工作。实行环境收益的全程管控，对企业的经济效益提高起到非常重要的作用。

2. 完善环境成本分类管控

环境成本的分类是环境会计制度中重要组成部分。日本企业在发展过程中已经将环境成本的支出规划到对应的会计制度中，保证环境成本控制工作可以顺利进行下去。富士通公司的环境成本控制，主要是以降低环境成本的负荷为主，将整个环境成本控制工作进行合理划分，形成环境成本计量与控制二级分类体系。将环境会计的可操作性与环境成本的量化核算结合起来，保证在开展环境成本控制工作时，及时发现其中存在的问题并加以解决。一般意义上，企业的环境成本控制划分越明确，环境会计操作性就会越强。富士通公司的环境成本控制工作，大致在7个主项目和14个子项目中开展。由于各子项目的控制隶属不同部门，相互之间不可避免地交叉与牵制，在一定程度上拉低成本控制工作的效率。从这个意义上看，富士通公司在日后发展中，仍需运用大数据分析等现代管理手段，进一步完善环境成本控制制度的空间。

3. 发布环境会计信息

从公开的信息可以发现，富士通等日本企业主要通过独立环境报告书的形式，将企业环境控制状态进行公开，包括企业资产以及环境资产负债状况等涉及所有者权益的信息。单独立项的环境会计信息，是环境报告书的重要组成部分。企业以该种模式公开环境会计信息，客观反映财务全貌，侧面展示企业的发展理念，体现出企业对社会责任的应有担当，对投资者和消费者的坦诚，对树立企业形象、打造产品品牌、提升市场信誉等起到良好促进作用。

第四节 绿色管理

一、绿色管理的概念和内涵

绿色管理的思想源于国内外学者在20世纪80年代对企业环境管理的研究，企业在其生产经营活动中实施环境管理，能够较大程度减少企业的生产经营活动对于周围环境的负面影响，同时能够提升企业的竞争能力。

绿色管理是一种新型的管理方式，是对传统管理模式的一种挑战，绿色管理涉及环境学、经济学、管理学等多门学科，从不同的角度绿色管理具有不同的内涵。从环境学的角度，绿色管理主要是指企业应加强对绿色技术的研发和应用，尽可能提高能源的利用效率、减少污染物的排放，使企业的生产经营活动对环境的影响达到最小。从资源学的角度，绿色管理主要是指企业应实现对资源的合理开采、高效利用，并减少对不可再生资源的利用，加强对可再生能源和新能源的开发和利用。从生态学的角度，绿色管理主要是指企业的生产和经营活动应该遵守能量和物质的流通规律，不能因为企业的运营而使得生态环境平衡遭到破坏。从经济学的角度，绿色管理主要是指作为现代企业，应摒弃传统的经济效益至上的错误观念，实现企业发展过程中经济效益、社会效益和环境效益的统一。从管理学的角度，绿色管理主要是指企业将环境保护和可持续发展的观念融入企业的管理理念中,实现对企业人、财、物等各种资源的合理调配,以实现企业可持续发展的目标。

绿色管理是一个微观和宏观相结合的概念。从宏观方面来讲,绿色管理就是追求人类与自然环境的和谐统一。从微观角度来讲,绿色管理是通过采用绿色的管理方式,在实现企业经济效益的基础上,实现企业的社会效益和环境效益。以企业为主体的绿色管理其实是微观的绿色管理,指企业以可持续发展思想为指导,以消除和减少组织的行为对生态环境的影响为前提,以满足用户或顾客的需要为中心,以协调公共关系为保障,以实现资源的合理优化和充分利用为目标,在绿色市场需求、环保舆论的压力以及政府的环境规制下,主动将环境保护和可持续发展的观念融入企业的生产、经营与管理的过程中,对企业产品的设计、开发、生产,以及流通等环节进行绿化,实现经济效益、社会效益、生态效益的共赢和生态和谐、人态和谐、心态和谐的平衡,最终推动企业整体的绿色化进程和可持续发展。

在我国,为保护自然环境促进社会的可持续发展,一方面政府针对绿色管理做出了许多积极而务实的努力,如为开发绿色产品的企业提供资金补贴和相关政策的扶持;另一方面企业也开始尝试将绿色管理作为战略工具来获得竞争优势,通过贯彻与执行绿色管理,在管理层树立一种生态意识,坚持环保方针,创立无污染,着重于废物减量的生产系统,对产品开发、设计、生产、流通和促销等过程全面绿色化,使企业的全部生产经营活动朝低耗、低污染、高附加值的方向发展,从而使企业的经济行为同自然环境、社会环境的发展协调起来,并使企业担负起相应的社会责任,最终促进整个经济的可持续、广泛增长。

二、绿色管理的特点

1. 绿色管理的实践特点

企业绿色管理具有三个基本特点,即全过程性、全员性、全面性。

首先,全过程的绿色管理。绿色管理从产品的材料选购、结构功能设计开始,到生产制造、售后服务、废弃物品的回收处置的每个环节都考虑企业生产经营活动对环境的影响,即在产品的整个生命周期内实施绿色管理,把眼光透过产品放到整个生产循环中去,将用于生产产品的资源、用于消费的资源及消费者使用之后留在产品中的资源综合考虑,即开发清洁产品和清洁生产技术、提升企业的绿色生产力、开展绿色营销,以及促使消费者增加绿色消费。

其次,全员参与的绿色管理。企业绿色管理不仅要求生产一线的职工参与绿色管理的实施,而且企业的管理人员更应首先提升自身环保意识,与员工充分沟通,将绿色管理的理念纳入企业经营文化,积极参与绿色管理的实施。因此,绿色管理是从企业高层领导到中层管理人员再到生产一线的普通工人的全体员工参与的活动。

再次,全面的绿色管理。绿色管理作为一种全新的管理方法,其范围不仅包括了企业的生产制造过程,而且包括组织、计划、理财等服务过程,涉及企业的方方面面及管理的各种职能,故是一种全面的全方位的绿色管理。同时产品或服务的质量有赖于员工的身心条件,借此,企业实行全面的绿色管理,还要为员工创造绿色的工作环境、生活环境和社区环境,使企业所有的生产经营活动和内外部环境均处于一个"绿色大系统"之中。

2. 企业绿色管理的理论特点

从理论意义来考察,企业绿色管理又具有以下特点。

(1)绿色管理建立在生态工业经济的基础上。生态工业经济是指用生态学的理论和方法来研究工业生产,它把工业生产视为一种类似于自然生态系统的封闭体系,这样,在一定区域内彼此靠近的工业企业就可以形成一个相互依存,类似生态食物链构成的工业生态体系。

(2)绿色管理是循环经济理论在工业体系中的应用形态之一。循环经济是对物质闭环流动型经济的简称,是以物质、能量梯次和闭路循环使用为特征的,在环境方面表现为污染低排放,甚至零排放。循环经济把生态工业、资源综合利用、生态设计和可持续消费等融为一体,运用生态学规律来指导人类社会的经济活动,因此绿色管理本质上是一种基于生态的循环经济。

(3)绿色管理以实现自然、社会、企业协调可持续发展为目标。人类要实现自身的可持续发展就要使自然、社会协调发展,企业作为社会系统的一个子系统是联系人类社会与自然界的一座桥梁,其活动影响着人类与自然的关系,企业实施绿色管理,使企业的活动与自然相协调,进而实现自然、社会的协调、可持续发展。

(4)绿色管理以经济效益、社会效益、生态效益的统一为基本原则。传统经济学与管理学只注重企业的经济效益,忽视了生态环境效益。随着社会的发展,人们逐渐认识到企业经营管理活动的效益应该包括经济效益、社会效益和生态效益,是这三大效益的有机统一。实现企业可持续发展,进行绿色管理,一定要把三大效益有机统一起来，作为企业管理的出发点和落脚点，成为企业生产、经营、管理必须遵循的一条基本原则。

（5）绿色管理以节约资源，减少污染为其实现目的的基本手段。在产品的制造过程中，尽量减少各种资源的消耗，如：少用或不用有毒有害的原料，节约能源，采用先进技术、工艺装备，尽量减少生产过程中的废弃物。在产品包装上采用耗用少、易分解、无毒性、无污染的材料，实现包装绿色化等。

三、绿色管理的内容

1. 建立绿色管理模式

企业的绿色管理模式主要包括三方面：

（1）建立绿色的企业文化。

（2）制定绿色经营战略。企业应在企业与社会、自然和谐可持续发展观念的指导下，结合企业的实际经营管理情况和企业所处的外部环境，明确企业的发展方向，从企业的全局出发来制定企业实施绿色管理的途径和措施。

（3）设立绿色组织机构。绿色组织机构的设立是企业绿色管理顺利实施的可靠保证。

2. 实施绿色生产

绿色生产主要是企业采用绿色技术和先进的管理手段实现企业提高能源的利用效率和降低污染物的排放的一系列的生产活动。主要包括绿色设计、绿色采购、绿色技术、清洁生产等。

3. 实现绿色营销

绿色营销是企业实施绿色管理的综合体现，是指将绿色的理念融入企业的营销过程中，通过同企业市场主体进行产品价值的交换，来实现企业的生产经营过程与社会的利益相一致的目标。包括绿色包装、绿色认证和绿色消费。

4. 进行绿色理财

企业应将企业实施绿色管理的环境保护的效益和成本计算到企业产品的总成本中，实施绿色理财。绿色理财主要包括绿色会计、绿色审计以及绿色核算等内容。

四、绿色管理的案例

山东鲁北化工股份有限公司（简称鲁北化工），是山东鲁北集团的直属企业，20世纪接近尾声的时候得益于产业科技化和政府政策支持建立了当时我国的第一个循环经济发展链条，并在科技发展的辅助之下顺利实施生态化，并慢慢地由一个小型企业发展成为在化工和生态发展领域取得相当成绩的上市公司。

鲁北化工积极进行技术攻关和管理理念更新，创建鲁北集团产业园区。通过高技术含量技术的发展，创建、发展生态工业，产品的生产链条由于原料费用低、产品成本明显降低，甚至有的单项就比竞争对手低到30%，大大提高了企业的竞争力，随着企业的进一步发展和资金支持力度以及科研水平的提高，公司后期又推出了新的生态链，并通过对各下属企业之间和产业链之间物质、能量和公用工程进行系统集成，完成了系统内物质循环、能量集成利用和信息交换共享。

鲁北化工顶着巨大的压力投入大量的科研投入来攻克生产链条中的循环发展难题，在绿色管理刚刚在国内起步的时代可谓举步维艰，但是该公司的管理层做出了明确的要发展循环经济，进行绿色生产的战略定位，而后又在这种企业文化理念的引导下，进一步研究整个产品链条的资源浪费途径并进行补链行动，进一步继续挖掘资源利用的高效能方式，最终确立了三条生态发展的产品链条（见图2-3）。

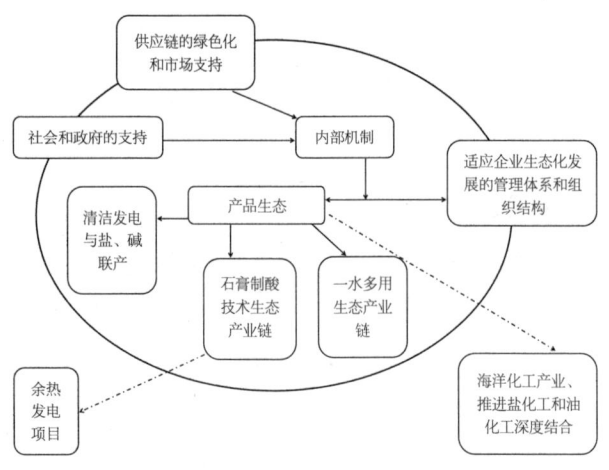

图2-3　鲁北化工绿色管理机制

资料来源：王小丽.我国中小企业生态管理运行机制研究[D].中国海洋大学，2014.

企业在发展进程中在组织结构和战略选择上也做出相应的调整从而适应整个绿色管理过程的发展。

鲁北化工从创业初期十几人的硫酸化肥厂，到如今的鲁化集团，所经历的发展变化正是我国生态管理进程的缩影。在企业绿色管理发展进程中,鲁北化工磷复肥生产实现的"三废"零排放的成绩,成为我国磷复肥化工方面进入绿色可持续发展的新的里程碑。后期经过企业绿色生产技术创新和企业内部各个产品生产线之间的联合,将磷铵、硫酸和水泥等相关产品进行联动生产,共享以及消化互相之间原材料以及副产品,该项绿色生产技术收到良好的经济效益并在全国化工行业推广,每年仅节约废渣堆占用场地的维护及建设费400万元,节省可以生产800万吨水泥和800万吨硫酸的原材料以及相关费用等大量资金,综合经济效益十分显著。

鲁北化工积极进行技术创新,将实现企业生态效率作为企业生产目标。鲁北化工在整个产品链条以及产品链条网中都有着双重的目标设计也就是环境和经济目标。从产品上,不仅要求质量过关,考核其安全、质量等指标,更是增加生态要素指标,从产品生命周期的开始就将生态管理的基因灌输到产品中去,改变仅仅以经济效益为唯一指标的线性考核结构,改变传统的生产观念,结合对于企业生态产品的优劣势分析及相关产业链条的优势互补,优化各个产品生产节点,包括企业生态管理运行机制的内外部机制,推动化工与海洋等企业就近的优势资源的结合。如火力发电厂利用海水工业链代替淡水冷却,进入海水淡化装置实现海水淡化后,使用蒸发海水的余热,节约新鲜水;浓海水淡化注入水,"水"的产业链,还可以提高30%的盐产量的增长,在盐田95000亩土地的占用也相应减少;磷铵结合硫酸和水泥生产协调的产业链中的硫酸在磷铵生产步骤中排放的废渣磷物质,再用来生产相应化工产品;贯彻到鲁北化工生产链条全过程的"一水多用生态产业链",经过硫化等复合肥加工的生产线,进一步推动海洋化工以及盐化工的生产发展。而发展海洋化工和盐化工是鲁北化工进行企业园区建设的一大步。完整的资源利用链条强化了整体结构和功能之间的协调运作。

同时，鲁北化工在其工业系统内部建立了柔性化的组织架构，将各个组织结构以及产品连接负责人管理系统内部，提出能够加快促进各节点之间物质能量的迅速交换的协作方法和指标，使得产品管理在企业内部能够真正实现畅通，排除各种因人为因素导致企业产品生产流程中的经济损失。在产品的生产以及物流配送等过程中通过综合各种方式的分析进行组织的流程优化和网络型组织设计。通过扁平化的组织结构实行人性化管理，增强组织灵活性，能够快速应对市场需求变化。又一次从企业文化上完美体现了绿色管理。

第五节　绿色合作机制

一、绿色合作的概念和内涵

企业绿色合作涉及众多学科，如工业生态学、工业（技术）经济、区域经济、环境管理、产业经济等领域。而循环经济观要求企业间合作具有区域性、综合性以及经济性等特点，企业可以通过这种合作来实现对资源的节约和对环境的保护，是循环经济从微观的企业内部的工业剩余物质循环再利用向宏观层次的社会范围资源利用的有效途径。目前，如何以最低的资源—环境代价实现经济增长，维护生态和谐与资源的永续利用，建立进化型生态经济，成为我国产业优化升级和世界性经济转型的主要目标。工业生态化已成为工业经济系统发展的主要方向和历史必然，而生态工业则是在资源综合利用和清洁生产的基础上，从区域范围应用生态学和系统工程原理对企业生产的原料、产品和废物进行统筹考虑，通过企业间的物质循环、能量利用和信息共享，使得现代工业实现可持续发展。随着工业生态学的发展，人类社会正逐步应用生态学理论对工业系统进行生态化改造，使之发展成为工业生态系统，而这种变革是要以企业间的绿色合作为前提条件的。

企业绿色合作被定义为企业在实现其经济目标的基础上，为了满足人类社会生态环境的可持续发展，通过区域内产业系统的生态改造与重组，以实现产业链上的企业在有限生产源条件下，旨在获得企业间资源、信息、技术等方面的整体竞争优势而进行的工业共生合作及其过程。通过对企业绿色合作的组织关系、模式及绩效的研究，可以解决传统工业系统向工业生态系统转变所出现组织绿化等问题，使生产性物质得以循环再利用。

二、绿色合作的目的

企业间的合作不是一种新现象，而当企业间绿色合作升级为不同企业间通过围绕着生产性资源进行循环再生利用而开展的一种生态产业的经济合作模式时，就是一种新现象、新趋势、新课题。20世纪90年代以来，企业间的绿色合作行为随着全球环保意识的崛起和生产资源的短缺在世界范围内不断兴起，其标志是工业共生体的数量增长和企业合作模式的不断创新。自20世纪70年代丹麦卡伦堡工业共生体出现以来，企业绿色合作发展迅猛。

基于工业生态链的企业绿色合作，目的主要有三种：

1. 规避恶性竞争，构造产业优势

避免企业间相互的恶性竞争，制定与遵守共同的规范，共同获取市场信息，通过联合影响政府而获得有利政策等，可以提高企业彼此的竞争力，同时产生生态效益和社会效益。竞争越激烈，合作越显重要。

2. 生产资源稀缺,差异决定合作

企业为了获取具有竞争优势的生产性资源是企业间谋求绿色合作的主要原因之一,在现实的工业系统中,资源承载力、环境容纳总量在一定时空范围内是恒定的,但其分布是不均匀的。差异导致竞争,竞争促进发展,优胜劣汰是自然及人类社会发展的普遍规律。企业资源富余和短缺两种状态是同时存在的,资源富余时,企业会想方设法地利用好资源,提高资源的利用率;资源短缺时,企业为减少其他资源利用的影响,要么增加对短缺资源的投入,改善其资源的结构,要么设法利用外部资源。充分利用富余资源既是企业成长的动力源泉,也是企业对外合作的根本原因。

3. 工业制度演化,组织网络形成

工业系统向工业生态系统演化的进程中,工业共生模式就是工业生态化制度变迁的演化路径。工业共生的本质就是企业间的一种合作机制和依存关系,在工业共生过程中所建立的以工业副产品交换为纽带的网络效应,因其提高了资源的利用效率、降低了交易成本、建立了企业间的绿色合作关系,而得到了系统内关联企业的认同,进而形成了一致性的规则。企业合作所要解决的不只是企业变大的问题,重要的是要解决中小企业之间、中小企业和大企业之间的合作问题。而这种合作根据共生理论的特点,企业绿色合作使不同类型的企业围绕着自身的资源优势进行合理的市场分工,并且依靠工业生态网络寻求到相互合作、共享资源的专业化分工。

三、绿色合作模式

企业间绿色合作的基本关系类型即工业共生体,根据产业链模式的不同,将企业间的共生关系分为以下几种:

1. 依托型工业共生合作模式

这种工业共生合作模式是围绕一家或几家大型企业形成,且核心企业主导网络的运行。核心企业一般为石化、冶金、机械、能源行业。如丹麦卡伦堡工业共生系统就是以Ansaes电厂为共生合作企业的。

2. 平等互惠型工业共生合作模式

这种工业共生合作模式中企业之间的合作地位相对平等,受利益驱动,以市场为主要调节手段,组织机构灵活,抵御外界干扰能力差,易被动。是一种处于完全竞争状态的工业共生组织形态,它要求企业之间彼此能在生态产业链(网)上互补或在工业剩余物质排放数量上匹配,如波恩赛德工业共生系统就是这种模式。

3. 混合嵌套型工业共生合作模式

这种工业共生模式是由大型企业构成其主体网络,中小型企业形成子网络,它融合了依托型共生和平等型共生网络的特点,提高了工业共生系统的复杂性和稳定性,企业间交流渠道增多,频率加快,但协调和维护成本较高,如奥地利Strrai工业共生系统。

4.线性关系型工业共生合作模式

这种工业共生模式就是通常所说的产业生态链，是工业共生网络的雏形。合作企业之间彼此利用或单向利用工业剩余物质，形式单一，合作关系容易达成，但其资源无法得以完全利用，而且产业耦合程度偏低，适合于在一个生态产业链上的中小型企业。

四、绿色合作的案例

20世纪70年代初，位于丹麦首都哥本哈根以东100多公里的卡伦堡市的几家重要企业（如发电厂、炼油厂、制药厂等）试图在减少费用、废料管理和更有效地使用淡水等方面寻求革新，于是它们自发地建立了紧密而又相互协作的产业关系。80年代以来，当地主管部门意识到这些企业自发地创造了一种新的组织体系，并给予了积极支持，将其称为"工业共生体"。不同的企业按照互惠互利的原则，以贸易方式通过利用对方生产过程产生的废物或副产品而紧密地联系在一起，构成了"工业共生体"。工业共生体是以利用企业之间彼此产生的副产品所构成的相互协作的产业群。在某种程度上，它模拟了自然生态系统，即在自然生态系统中植物和动物产生的"废物"作为其他植物和动物的食物被利用。这种类比被扩展覆盖至任何未被充分利用的资源。工业共生体最著名的例子是丹麦的卡伦堡。丹麦卡伦堡工业共生体被认为是世界上最早建立也是目前最成功的工业生态系统（见表2-1）。

表2-1 1975年、1985年和1995年卡伦堡工业共生体内企业链接关系

类别	1975年	1985年	1995年
工业共生体内企业数目	4个（Statoil精炼厂、Asnaes电站、Gyproe公司、卡伦堡市）	7个（Statoil精炼厂、Asnaes电站、Gyproc公司、卡伦堡市、NovoNordisk公司、AaborgPortland水泥公司、Asnaes养鱼场）	8个（Statoil精炼厂、AsnaeS电站、Gyproe公司、卡伦堡市、NovoNordisk公司、AaborgPortland水泥公司、Asnaes养鱼场、Kemira公司）
工业生态链数目	10条	16条	22条
新增企事业数目	0个	3个	1个
新增企业链数目	0条	5条	6条

1975~1995年，卡伦堡工业共生系统先后形成了11条工业生态链（见表2-2）：

表2-2 卡伦堡共生体内企业间的物质流动关系

类别	源		
	Statoil精炼厂	NovoNordisk公司	ASnaes养鱼场
Statoil精炼厂	—		蒸汽
Kemira公司	硫磺	—	—
NovoNordisk公司	—		蒸汽
GyProe公司	燃气	—	石膏
Asnaes电站	燃气、锅炉冷却水	—	
农场	废水	污泥	—
ASnaes养鱼场	—		热能
区域供热	—		热能
AaborgPortland水泥公司	—		飞灰

第二章 看一看：绿色企业的多面性

第1条：1976年NovoNordisk公司将其生产中的剩余污泥（含氮和磷）提供给了约1000家农场，即形成了"NovoNordisk公司→污泥→农场"工业生态链；

第2条：1979年Asnaes电站将煤灰供给了AaborgPortland水泥公司，而该公司并不是本地的企业，即构成了"Asnaes电站→煤灰→AaborgPortlnad水泥公司"工业生态链；

第3条：1981年Asnaes电站将其生产剩余能量以蒸汽的形式供给卡伦堡市进行热能利用，即形成了"Asnaes电站→剩余能量（蒸汽）→卡伦堡市"工业生态链；

第4条：1982年Asnaes电站又将其生产剩余能量—蒸汽，供给了Statoil公司进行热能利用，即形成了"Asnaes电站→剩余能量（蒸汽）→Statoil公司"工业生态链；

第5条：1982年Asnsaes电站同样开通了对NovoNordiks公司的剩余能量（蒸汽）的供给了，形成了"Asnsaes电站→剩余能量（蒸汽）→NovoNordisk公司"工业生态链；

第6条：1987年Statoil公司将其生产中剩余的锅炉用水提供给了Asnaes电站，形成了"Statoil公司→锅炉用水→Asnaes电站"工业生态链；

第7条：1989年Asnaes电站将生产余热提供给了Asnaes养鱼场，构成了"Asnaes电站→余热→Asnaes养鱼场"工业生态链；

第8条：1990年Statoil精炼厂进行了环保工艺改造，新增了脱硫设施，这样它将其副产品硫磺供给了Kemiar公司生产硫酸，即形成了"Statoil精炼厂→硫磺→Kmeiar公司"工业生态链；

第9条：1991年Statoil公司将其生产中的生物处理废水提供给了

Asnsaes电站，即形成了"Statoil公司→生物处理废水→Asnaes电站"工业生态链；

第10条：1992年Statoili精炼厂又将它的副产品燃气供给了Asnaes电站用于发电，即形成了"Statoil精炼厂→燃气→Asnaes电站"工业生态链；

第11条：1993年Asnaes电站又将其烟气脱硫工艺所产生的剩余物质石膏提供给了Gyproc公司，构成了"Asnaes电站→石膏→Gyproc公司"工业生态链。

从以上链条可以看出，随着新工艺、新技术的发展，工业系统内企业的环保技术改造，引入了新的资源利用型企业加入，工业生态链不断丰富，产业链数目不断增加，产业间链接关系不断完善，工业共生系统的生产能力与资源利用效率不断增强。

第六节 绿色产品

一、什么是绿色产品

绿色产品，鉴于国际上尚无权威定义，参考我国刚刚发布的《绿色产品通则》（GB/T33761-2017）中解释是"在全生命周期过程中，符合环境保护要求，对生态环境和人体健康无害或危害极小、资源能源消耗少、品质高的产品"。有点理论化这个定义，我们来换个角度理解，从消费者的眼光看"绿色产品"简单说应具备以下层次的属性：

1. 产品的使用好

产品是大家用买来用的，所以首先得满足基本使用需求优异，一个产品好不好用直接关系到有没有市场埋单。

2. 产品的安全好

满足了使用的基本需求后，人们自然关注产品对自身的直接伤害（显而易见），如电击、割伤、剧毒等，毕竟谁也不想过早去世，尤其是造成不能自理的伤害。

3. 产品的健康好

在对直接伤害（显而易见）规避后，人们会开始关注进一步对健康的影响，要求减少健康的影响。如：家具大家关注"棱角、倒塌"对人身的伤害后转而关注对"甲醛"释放对人体健康的影响。

4. 产品的累积影响少

有些影响不是立竿见影，甚至一代人能看出的，如废弃后产品重金属析出对自然环境的影响，进而通过蓄积、转移影响人体健康。这种影响比较为普通消费者难以关注到。

5. 产品实现环境负荷低

这个是综合考虑整个产品实现环节，说白了就是从耕地种庄稼到一直到饭桌的全过程考虑对自然（也包括人）的影响，这种影响的关注度一般会随着人们解决了温饱后，逐步提升。

应该说，只有从以上多角度（不是全部）的能满足的产品，才能说是绿色的。当然考虑如今人的认识水平，这种绿色也还具有时代的局限。

二、绿色产品现有政策

针对绿色产品，目前满足上述一个或多个层次的"优质产品""节能""节水""环境标志"有不同的政策倾斜。

1. 法律法规体系

相关的法律法规主要包括《清洁生产促进法》和《循环经济法》。《清洁生产促进法》从清洁生产的推行、实施、鼓励政策、法律责任四个方面对从事生产和服务活动的单位以及从事相关管理活动的部门组织、实施清洁生产提供法律依据，促进政府将清洁生产工作纳入国民经济和社会发展规划、环境保护、产业发展等规划中去；《循环经济法》从管理制度、减量化、再利用和资源化、鼓励政策、法律责任五个方面对生产过程、流通和消费过程的减量化、再利用、资源化进行了规范。

2. 行政性政策

政府机关以命令、指示、规定、制度等形式，限制或禁止污染产品的使用或生产，具有强制性和规范性的特点。如"限塑令"——《关于限制生产销售使用塑料购物袋通知》（国办发〔2007〕72号）规定，从2008年6月1日起，在全国范围内禁止生产、销售、使用厚度小于0.025毫米的塑料购物袋；所有超市、商场、集贸市场等商品零售场所实行塑料购物袋有偿使用制度，一律不得免费提供塑料购物袋。《关于治理商品过度包装工作的通知》（国办发〔2009〕5号）规定减少商品包装中的资源消耗。

3. 引导性政策

政府机关通过引导、奖励、建议、示范等形式，引导市场主体（消费者、企业）实施绿色消费或提供绿色产品。比如政府绿色采购政策，财政部、环保总局《关于环境标志产品政府采购实施的意见》（财库〔2006〕90号）要求各级国家机关、事业单位优先采购环境标志产品，不得采购危害环境及人体健康的产品，发挥引领性、杠杆性作用，促进企业开发绿色产品和技术。

4. 经济政策

政府依据和运用价值规律借助经济杠杆的调节作用，通过税收、补贴、准入门槛等形式，对绿色消费的参与者进行引导，实现传统消费模式向绿色消费模式的转变。例如，"节能家电补贴"政策，北京市对二级能耗标识以上的家电，如空调、电视机、热水器等，进行一定数额的补贴，通过实施节能产品惠民工程，推广绿色节能产品；"三绿工程"政策，由商务部、原环境保护部、国家认监委、国家标准委等12个部门联合实施，以建立健全流通领域和畜禽屠宰加工行业食品安全保障体系为目的，以严格市场准入制度为核心，以"引导绿色消费、推广绿色采购、培育绿色市场"为主要任务的系统工程。

三、我国绿色产品的现状

1. 有机产品

食品是和我们生活关系最紧密的必须物质产品，随着社会的发展，人们越来越重视食品的质量、安全。有机产品也应运而生。当然这里所说的"有机"不是化学上的概念，而是指采取一种原生态无污染的耕作和加工方式。有机产品是指，按照这种方式生产和加工，符合国际或国家有机产品要求和标准，并通过认证机构认证的一切农副产品及其加工品，包括粮食、蔬菜、水果、奶制品、禽畜产品、蜂蜜、水产品、调料等。除食品外，还有把一些派生的产品如有机化妆品、纺织品、林产品或有机产品生产而提供的生产资料，包括生物农药、有机肥料等，经认证后也统称作有机产品。

2. 消费品

（1）单一属性的绿色品，是从最容易让老百姓埋单并看到效果的角度选择产品某一方面的特性，加以量化确认。主要有：

①能效标签。能效标识又称能源效率标识，是附在耗能产品或其最小包装物上，表示产品能源效率等级等性能指标的一种信息标签，目的是为用户和消费者的购买决策提供必要的信息，以引导和帮助消费者选择高能效节能产品。

②节能、节水产品。从产品使用的单一节能、节水属性出发，国家制订了相应产品的技术标准和认证规范，按照国际上通行的产品质量认证规定与程序，经节能、节水产品认证机构确认的产品。

（2）多属性的绿色品，是指那些从产品生命周期考量，选取代表性的阶段，在生产、使用和处理处置过程中符合环境保护要求，与同类产品相比，具有低毒少害，节约资源等环境优势，通过第三方认证确认的产品。国际上主流的是"环境标志"，当然也有表述微"环境标签"或"生态标签"等等。

如中国环境标志的"微型计算机、显示器"产品，在产品的技术要求中就综合考量了：

①产品生产企业的环境合法性——企业提供合法地位证明；

②产品质量合格——保障是满足基本消费者的使用需求；

③产品生产过程清洁生产——减少生产环节的环境破坏及物质禁用；

④产品设计的生态化：产品毒害物减量化、产品结构的易装拆性、材质的易回收、模块的易于升级及再利用；

⑤产品的节能——和前面的节能特性产品一致，给消费者好的获得感；

⑥产品的保养和回收——培养好的使用习惯、延长使用周期（减少废弃）、提供有效的回收渠道（避免随意废弃带来的环境影响）等。

四、绿色产品的案例

1. 联想产品采用低温锡膏

低温锡膏在联宝SMT主板贴片生产线正式投产，该生产工艺的创新将引发整个笔记本制造供应链的大变革，标志着低温焊接绿色制造时代的到来。

相对于现在使用的锡银铜金属成分锡膏，低温锡膏焊接的峰值温度由250~260℃降至180~190℃，由此带来的好处是极大地降低工厂的能源消耗（比如电能）和温室气体（比如二氧化碳）排放，按照目前的实验测算，预计每台回焊炉每年可以实现节省电能81993千瓦，联宝全部产线预计全年可以节省电能344.4万千瓦，节省CO_2排放2431吨，相当于植树13万棵。

2. 戴尔产品包材的绿色化

纸和塑料可能是最为普通的包装材料，但是包装却不仅限于此。

第二章 看一看：绿色企业的多面性

竹子是禾本科植物中"体型庞大"的成员之一，从食品到地板等很多方面都可以看到竹子的身影，目前竹子还成为一种具有可持续性的包装解决方案。戴尔率先使用竹子来保护某些设备（见图2-4），该包装材料具有坚韧、可改善土壤、可在制造地生产、可生物降解等优势。

图2-4 绿色化包装材料

资料来源：戴尔官网 http://www.dell.com/learn/cn/zh/cnbsd1/campaigns/bamboo-packaging。

第七节　绿色领跑者

一、环保"领跑者"

环保"领跑者"是指同类可比范围内环境保护和治理环境污染取得最高成绩和效果即环境绩效最高的产品。实施环保"领跑者"制度对激发市场主体节能减排内生动力、促进环境绩效持续改善、加快生态文明制度体系建设具有重要意义。

环保"领跑者"制度是一项推动环境管理模式从"底线约束"向"底线约束"与"先进带动"并重转变的制度（见图2-5）。以企业自愿申报为前提，定期评选和发布环保"领跑者"名单，通过提升标准、表彰先进，树立先进典型，并对环保"领跑者"给予适当政策激励，引导公众绿色消费，倒逼企业绿色生产。

2014年12月，国家发改委、财政部、工信部、国管局、能源局、质检总局、标准委联合发布了《能效"领跑者"制度实施方案》（发改环资〔2014〕3001号），建立能效"领跑者"制度，通过树立标杆、政策激励、提高标准，形成推动终端用能产品、高耗能行业、公共机构能效水平不断提升的长效机制，促进节能减排。定期发布能源利用效率最高的终端用能产品目录，单位产品能耗最低的高耗能产品生产企业名单，能源利用效率最高的公共机构名单，以及能效指标，树立能效标杆。对能效领跑者给予政策扶持,引导企业、公共机构追逐能效"领跑者"。截至2016年底,中国已发布了乙烯、合成氨、水泥、平板玻璃、电解铝行业能效"领跑者"企业16家,发布了电视、冰箱、空调三类家电各45个型号的能效"领跑者"家电产品。

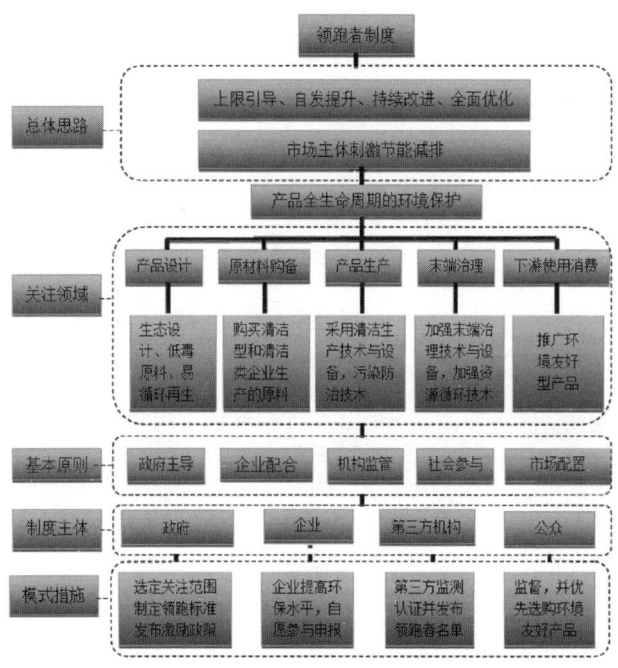

图2-5 环保"领跑者"制度框架

资料来源:贾真 等.环保"领跑者"制度进展及建议[J].世界环境,2017(4):24-27.

2016年4月,国家发改委、水利部、工信部、住建部、质检总局、能源局联合发布了《水效领跑者引领行动实施方案》(发改环资〔2016〕876号),在工业、农业和生活用水领域开展水效领跑者引领行动，制定水效领跑者指标，发布水效领跑者名单，树立先进典型。水效领跑者引领行动实施范围包括用水产品、重点用水行业和灌区，遴选程序为自愿申报、地方推荐、专家评审和社会公示。通过树立标杆、标准引导、政策鼓励，形成用水产品、企业和灌区用水效率不断提升的长效机制，建立节水型的生产方式、生活方式和消费模式。

实施"领跑者"制度可以实现以下目的：一是完善环保标准体系，加快提升重点行业环境保护标准，推动技术的创新与持续改进。二是建立对环保"领跑者"的动态管理机制，集中鼓励少部分最优秀产品（或企业）。三是建立与补贴机制相配套的宣传鼓励政策，通过政府宣传行为对消费者选择绿色产品产生积极导向，再从消费者的绿色选择导向倒逼其他企业向领跑企业看齐。四是加强对环保绩效虚标的监管和处罚。五是加大对高污染产品的淘汰力度。

按照"政府主导、企业配合、机构监管、社会参与、市场配置"的原则，中国初步建立了环保"领跑者"制度体系与模式，其核心为：政府制定领跑者标准，发布激励政策，组织监督与评估；企业提高环保水平，自愿参与竞争，申报企业或产品领跑者认定；第三方实施检测认证并发布企业与产品领跑者名单，保证过程与结果的公平公正。

为了更好地推进"领跑者"制度，增强领跑者和绿色消费的关系，首先应明确"领跑者"制度的实施对象与范围，尽可能选择污染问题突出且与国民经济和社会发展各个领域息息相关，与民生关系密切的产品（如涂料、油墨、皮革等）作为政策研究及实施的对象，同时明确"领跑者"制度体系中政府、企业、公众等多方主体责任，并做好财政、发改、工信、环保、质检各部委的责任分工，落实各部门权责，以推进制度有序实施。基于现有的环保标准、质量标准、政策要求，分行业分产品分领域制定环保"领跑者"遴选指标体系，体现优中优选。最后通过环保"领跑者"制度的实施和宣传让消费者了解领跑者生产的产品，从而引导消费者的消费行为，推进我国的绿色消费。

二、绿色领跑者案例

张家港东渡纺织集团（简称东渡），作为中国纺织行业的"行业标杆"和百亿元企业，历来重视发展低碳经济，坚持科技创新、管理创新、技术创新，不断加大科研投入和开发新技术。公司投资建设的万吨级污水循环回用中心，中水回用超过50%，年节约用水200万吨，每年可为企业节约5%的生产成本。研发的生态面料充分利用天然可再生资源，可以大大减少染色废水的毒性，有利于减少污水处理负担，保护环境，最大的优点是不伤皮肤，对人体有呵护保养作用。生产的童装采用生态环保面料，不用甲醛、重金属，坚持使用无污染、无毒素的染料，并研发了纯天然的植物染料，通过技术研发实现工艺的清洁生产。

目前，东渡实施无水或少水印染工艺技术，以及环保、节能、清洁生产印染加工技术，实现了印染行业污染防治从"末端治理"向"源头预防"转变。高标准的环保为东渡带来丰厚的市场回报，东渡的产品绝大部分出口欧美等市场。同时，东渡依托完整的产业链，让从纤维开发到面料、服装生产等各道工序都在自己的质量、安全要素的掌控之内，不断提升产品的附加值和竞争力。东渡的"服装智能制造车间系统"和"服装产品设计制造一体化"对于劳动力密集型服装制造业的人机协同生产、高效柔性生产具有极其重要的作用,东渡的服装产品制造周期相较21世纪初节省了30%,服装生产过程能耗节省30%,服装生产成本降低了10%,服装生产效率提升了15%,职工工资增加了70%。2014年,实现销售收入18.3亿元,利润7062万元,税收5808万元,为低碳经济和绿色发展做出了贡献。

第三章
学一学：国内外绿色企业创建案例及成效

我国对"绿色企业"尚没有权威的评价标准体系，目前的绿色企业评选多为行业协会、省级或市级等层面组织的不定期的评选。工业与信息化部于2017年和2018年分两次发布了绿色示范名单。本书选取的绿色企业创建案例参考了该名单，并在收集整理素材的过程中考虑到分公司间相通的规范化管理流程，以及企业案例应涉及更为广泛的行业特点，最终确定从绿色设计、绿色生产、绿色产品、绿色管理等方面突出的国内外企业。以下5家企业案例均在企业自身提供的图文素材基础上整理获得。

本章企业名称采用汉语拼音首字母缩写形式进行化名。

第三章 学一学：国内外绿色企业创建案例及成效

第一节 合肥JDF光电科技有限公司

一、企业介绍

合肥JDF光电科技有限公司在安徽合肥投资建设的中国首条6代生产线，该生产线于2009年4月在合肥市新站区开工建设，2010年10月量产，总投资175亿元人民币，设计产能为9万片玻璃基板/月，玻璃基板尺寸为1500mm×1850mm，包括阵列、彩膜、成盒和模组四部分生产工序，主要产品以3.97~18.5英寸为主的手机、平板电脑、笔记本电脑用液晶显示屏及模组。作为中国大陆首条6代生产线，公司填补了国内液晶电视面板制造的空白，对促进国内彩电行业转型、增强TFT-LCD产业自主创新能力意义重大，结束了中国大陆的"无液晶电视屏时代"。

公司先后获得"国家地方联合工程研究中心""安徽省平板显示工程技术研究中心""安徽省薄膜晶体管液晶显示器件（TFT-LCD）工程研究中心""安徽省先进集体""安徽省认定企业技术中心""合肥市最具影响力企业"等国家省及市各级荣誉。在节能环保、职业健康及安全工作方面，公司获得了"安徽省能效水平对标活动先进企业""安徽省环保诚信企业""安徽省节能示范单位""合肥市节能先进企业""合肥市职业卫生基础建设示范单位""能源资源计量示范单位"等称号。

二、绿色设计

公司一直秉承更低功耗、更高能源利用效率的产品生态设计理念，在新产品的原材料选择和制造过程中充分考虑绿色环保有害物质管控要求，着重考虑产品的环境属性，即可拆解性、可回收性、可维护性及可重复利用性，同时选用可回收利用的外包装材料，减少下游客户生产、使用、回收等环节对资源和能源的浪费。

三、绿色生产

1. 基础建设

工厂的建筑及办公环境是落实绿色企业的起点，公司从建筑材料、建筑结构、绿化场地及能源利用等方面进行了建筑的节材、节能、节水和节地。

2. 体系认证

公司取得了ISO9001质量管理体系认证、OHSAS18000职业健康安全管理体系认证、QC080000有害物质过程管理体系认证、TS16949车载管理体系认证、ISO14001环境管理体系认证，通过EICC电子行业行为准则认证，不断完善能源管理体系的建设，同时按照各管理体系进行PDCA循环，实现体系持续有效地运行。

3. 节能改造

公司建立了主要生产设备及主要耗能设备台账，对明令禁止使用的设备淘汰更新，对通用设备采用节能型产品，或通过改造（如电机变频改造等）提高设备的能源利用效率。公司与国内外先进技术公司进行合作，采用合同能源管理或自主改造的模式，推进各种能源改造项目，"十二五"期间平均每年实施各类大小节能改造及优化项目20项以上，年均节约用能费用超2000万元，总计节约用电量29000万千瓦时，节约用水量230万吨。通过余热回收项目，满足了工厂供暖要求。

4. 污染防控

公司目前的生产工艺处于国内先进水平，生产所需原辅材料种类较多，涉及部分有毒有害物质，但受行业目前世界技术水平及高品质产品属性的制约，这些物质暂无替代品，公司通过建立集中的化学药液供应系统，避免了原料的跑、冒、滴、漏，高浓度的显影液和刻蚀液通过工艺设备回收系统，或通过设备优化管理项目的推进，大大减少了原辅材料的消耗，从而也间接降低原料中有毒有害物质的使用。

末端处理方面，公司对废水、废气处理系统进行再优化，进一步降低各类污染物排放浓度，实现化学需氧量、氨氮、二氧化硫、氮氧化物等主要污染物排放浓度均低于国家排放标准浓度50%以下。此外，积极推进一般固体废物和危险废物的资源再利用，各类废弃物的综合利用率达到94%以上。

四、绿色管理

1. 管理方针

（1）构筑致力于成为环境友好型领先企业的绿色发展理念，坚持在提高能效、降低排放、节约资源等方面持续创新改进，积极实践绿色制造。

（2）将绿色发展理念融入工厂建设、产品研发、采购、生产等运营的各个环节，培育实施能力，不断完善绿色管理的制度，激励员工和管理者共同创造绿色企业管理的文化。

（3）促进绿色管理的持续发展及创新。

2. 组织机构建设

为了切实将绿色发展理念落实到位，公司整合已有的节能管理委员会组织建立了完善的绿色管理体系，成立了三级管理体系的绿色工厂管理委员会组织，负责绿色公司的全面建设工作。由总经理担任绿色工厂管理领导小组主任，负责决定公司绿色创建方面的目标及方案，统一领导、管理全公司的绿色创建工作，并对外处理公司绿色创建的相关事项；技安环保部、经营企划部、动力技术部、四大分厂、品质保证部等部门作为骨干力量负责推进具体实践工作。

3. 宣传与培训

公司高度重视向员工提供绿色企业相关宣传与培训，采取现场提问、实操、不定期考试等方式验证培训效果，并在每年的植树节、世界环境日、世界地球日组织公司员工开展植树、骑行、徒步等多种丰富多彩的节能环保宣传活动。

4. 关注公益

公司充分尊重和维护相关利益者的合法权益，重视公司的社会责任，自2010年起由集团统一向社会发布《企业社会责任报告》，积极与相关方合作，参与社会公益活动，共同推动公司持续、健康的发展。

五、绿色供应链

1. 供应商引进

公司制定了严格的供应商准入机制，只有通过资质审查、文件审核或实地审核，对绿色管控的合格供应商才予以导入，同时对引进的供应商进行持续跟踪评价，依据评价结果予以表扬或帮助其改进，抑或取消其供应商资质。

2. 绿色采购及过程监控

公司要求供应商必须签署《绿色产品保证函》，定期提供第三方RoHS（《关于限制在电子电器设备中使用某些有害成分的指令》）报告和无卤测试报告。品质保证部门对入厂的原材料进行定期的X射线荧光光谱分析检查，供应链和品质部门还根据《资财供应商品质管理基准》对材料供应商进行环境及有害物质审核，保证所有原材、辅耗材均为绿色产品。此外，对外包装的管控要求与产品一致，评审供应商绿色管理体系实施情况。同时，每年对生产线进行工艺过程评估，保证绿色生产贯穿每个生产工序。

3. 出货保证

出货给客户后进行客户满意度调查，完成客户的绿色文件需求、参加客户环保法规培训等。

六、绿色产品

在产品生态设计理念的指引下，2016年公司在绿色产品创新方面有了更好的成绩，有效地提高了产品的竞争力。15.6FHD显示屏使用低功耗的驱动芯片（DP693）搭配GOA设计，同时优化power架构设计，使产品功耗与同类产品相比下降40%（见图3-1）。12.3WU+显示屏采用低功耗的GOA设计和eDP1.4b接口技术，使产品功耗与同类产品相比下降20%（见图3-2）。

图3-1　15.6FHD显示屏

图3-2　12.3WU+显示屏

第二节 YD空调有限公司

一、企业介绍

YD科技集团提出设置专门管理机构建立以YD空调为核心企业的绿色供应链，打造世界级绿色空调产业链。同时，结合行业特点，加强绿色设计、绿色采购、绿色生产、绿色销售、绿色使用，以及产品废弃阶段的绿色处理，推进节能技术进步，提高能源利用效率。

二、绿色设计

产品用能方面，采用较清洁的燃油及更清洁的天然气，减少燃煤带来的空气污染。同时，积极开发采用废热和可再生能源的非电空调和热泵产品，采用水为制冷工质，一直优于国家一级能效标准。

产品寿命方面，非电空调寿命从行业平均的10年延长到30年，最新钛材产品预计寿命达60年，实现"零故障"和"与建筑同寿命"的承诺。在钛材产品研发中（见图3-3），YD空调克服高成本和复杂工艺难题，发明钛管空调，有效延长产品寿命，以不高于铜管、不锈钢产品20%的价格投放市场，在产品竞争中赢得绝对优势。

图3-3　YD空调设计和制造的钛管

废旧产品回收方面，YD空调在产品设计中尽可能使用可回收材料，避免使用有毒材料。目前，YD产品90%以上的材料可实现易回收。在回收机制中，公司根据产品性能、新技术推广需要和产品寿命，主动为用户进行产品升级改造或回收。对不便于自身回收的产品，YD空调为下游回收企业编制了《YD非电空调拆解指导书》。

良好的产品设计理念，为YD空调赢得了众多社会认可（见图3-4和图3-5）。

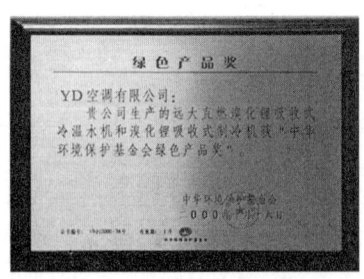

图3-4　中华环境保护基金会颁发的绿色产品奖

第三章 学一学：国内外绿色企业创建案例及成效

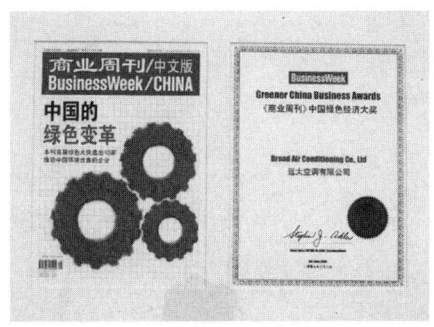

图3-5 2009年《商业周刊》中国绿色经济大奖

三、绿色生产

在生产环节，YD空调选用加工能耗低、资源消耗小的工艺和设备，采取智能数控套料，通过机器人和数控精密加工，减少加工余量和次品产生量，节能降耗效果显著。污染物排放方面，公司各项污染物指标均符合国家标准，其中许多指标不足国家允许排放标准的1/10。

四、绿色管理

YD信息化监控平台通过互联网实时采集机组数据，全年365天、每天24小时对全球数万家用户机组进行实时监控和分析，提前发现机组故障隐患并及时分析机组运行效率，确保机组能源使用效率，实现空调运行节能降耗。通过合同能源管理，运用商业手段促进节能服务市场发展。

五、绿色供应链

YD空调制订了绿色运行模型,包括计划、采购、制造、交付、反馈和回收等各个环节,每个环节都遵守绿色制造的要求,把整个过程作为一个系统来进行管理(见图3-6)。

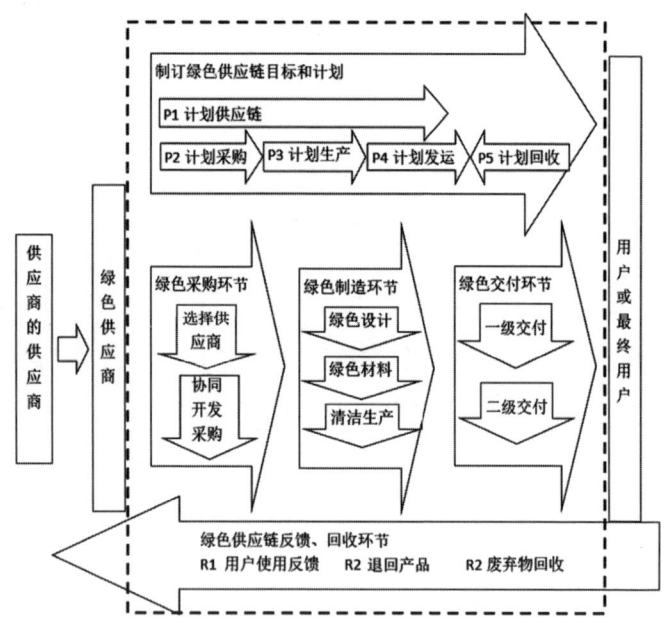

图3-6 绿色供应链

YD空调致力于绿色供应链的建立。采购活动以"环境+质量+交期+服务+成本"的原则来进行,要求供应商提供的物料应减少使用稀有资源、减少使用不可回收材料;尽可能地推进再利用零部件和材料的使用。在绿色采购体系中,建立绿色采购标准,实施供应商评价,定期对供应商进行绿色理念宣传、沟通、培训。目前,YD空调采购额95%以上的物料均来自低环境风险供应商。

销售方面,YD空调属于专用设备,适合直销,这同时减少了分销过程中的污染和社会资源的损失。公司通过网络,让客户清晰了解产品技术性能,开展低碳节能的电子商务。在促销方式上,大力宣传企业和产品的绿色特征和环保效益。

第三节 LHLH（中国）有限公司

一、企业介绍

LHLH于2002年开始在合肥经济技术开发区投资兴建LHLH合肥工业园，园区占地379亩，生产包括力士、旁氏、清扬、夏士莲、多芬、凡士林、凌仕、舒耐、奥妙、中华、金纺、立顿、晶杰、卫宝等品牌的日化产品和茶叶等食品，直接解决就业1500人。同时，还带来30余家配套厂商，间接解决就业5000人。生产的产品不仅满足国内市场需求，还出口中国香港、中国台湾、新加坡东南亚、智利等国家和地区。经过十几年在合肥的不断投资，现在的LHLH合肥工厂已成为LHLH全球260个工厂中最大的生产中心。

"让可持续生活成为常态"是LHLH的企业目标。2010年，LHLH启动可持续行动计划（Unilever Sustainable Living Plan，USLP），旨在实现业务增长的同时，减少企业经营带来的环境印迹，提升积极的社会影响。该项计划设立了三大目标，即到2020年，将帮助超过10亿人采取行动改善健康与提升幸福感；到2030年，在增长业务的同时，将单位产品的环境印迹减少一半；到2020年，在实现业务增长的同时，将帮助千百万人改善生计。

在过去16年中的15年里，LHLH在道琼斯可持续发展指数上始终排在食品、饮料和烟草行业的前列,在个人用品行业获得92分(满100分)的高分。2016年,LHLH在碳排放披露项目(CDP)气候变化、水源和森林资源领导指数报告中获得"A"评级,同时LHLH也出现在CDP的供应链领导企业报告中。2009年,LHLH合肥工厂自愿通过了清洁生产首次审核,并于2015年完成了二次审核。2010年,通过了ISO14001环境管理体系认证。2011年,获得安徽省环境友好型企业称号。

二、绿色生产

面对"温室效应"这一环境问题,LHLH在供应链中尽可能消除乱砍滥伐行为,并在生产经营中杜绝化石燃料的使用,从而不断努力减少采购、生产和创新过程中产生的温室气体排放量。

1. 生物质能

2009年,LHLH合肥工厂在洗衣粉车间增设了一台生物质燃料热空气加热器(见图3-7),用生物质燃料取代天然气,成为世界上首个使用生物质燃料为洗衣粉生产线提供能源的工厂。生物质燃料热空气加热器的投用产生了较好的经济效益、社会效益和环境效益,实现年利用生物压块燃料2.2万吨,年减排CO_2约1.6万吨,为农民创收1320万元/年,新增150个就业岗位,从根源上解决了季节性的因燃烧生物质引起的大气污染。

图3-7 生物质燃料热空气加热器

2. 节能灯具

LHLH合肥工厂的电耗占总能耗的22%,由此带来的碳排放量约22万吨/年。2015年,为切实推进USLP,LHLH筹划利用风能。首先将厂区内路灯全部更换为风能、光伏互补LED照明灯,每年可节约电量4万千瓦时(见图3-8)。

图3-8 风能路灯

2009年,LHLH合肥工厂将办公室及生产车间使用的三管式单色日光灯替换为高效节能灯,并将原先每套灯具3个灯管减少为2个灯管。改造后的灯具照度与原先基本相同,但显色性提高了30%,用电量和维护费减少了33%。2013年7月,工厂又将另一部分耗电量较大的金卤灯替换为工业用途的LED照明系统,削减照明系统耗电量80%,每年节约至少40万千瓦时的电量以及300吨碳排放。

光导照明系统通过采光装置聚集室外自然光,经过光导装置强化并传输后,由漫反射器将自然光均匀导入室内,甚至阴天或雨天也可以满足正常照明。立顿茶叶工厂率先安装了光导系统以提供生产区域的白天照明,每年节省用电量约5万千瓦时,减少碳排放41吨(见图3-9)。

图3-9 立顿茶叶工厂光导照明

3. 光伏发电

太阳能是洁净的能源,将太阳能用于工业化生产对节能减排贡献巨大。2017年,LHLH合肥工厂与联盛新能源集团签订合作协议,双方共同推进绿色能源可持续发展计划(见图3-10)。该项目已建成完工并投入使用，预计年发电量达600万千瓦时，占LHLH合肥工厂总用电量的21%。

图3-10 光伏项目

4. 地热能源

地热能源可以利用地表层相对恒定的温度（16~22℃）控制夏季和冬季的空调系统，减少用电量。2013年，LHLH启动该项目为洗发水工厂及行政楼办公区域的空调系统提供制冷或采暖需求，在冬季作为热泵运行的热源，在夏季空调制冷时作为冷却源，有效降低了空调用电量。

5. 中水回用

为有效降低污水和污染物排放总量，LHLH合肥工厂积极推广中水回用。从2009年开始，厂区草坪的灌溉、冲厕以及污水站设备冲洗全部使用中水，这在减少200吨/日新鲜水用量的同时，大幅削减了COD排放量。

6. 资源再利用

节约蒸汽对LHLH合肥工厂节能减排及降低成本都具有重要意义。2012年，工厂开始使用蒸汽冷凝水作为员工洗澡热水，之后又通过开放式冷凝水箱加盘管的形式回收蒸汽冷凝水余热，但由于回收过程是开放式的，会损失20%~40%热能，同时由于冷凝水受污染产生热阻垢，换热效率进一步降低。目前，工厂采用全封闭的冷凝水回收系统，减少冷凝水回收过程的热损失，除用于员工洗澡热水外，还将蒸汽冷凝水回收至热能储罐用于物料和工艺用水的预加热。

固废再利用方面，将塑料瓶粉碎成塑料片，经清洗、烘干、熔化、过滤等20多道工序后，可以加工为"再生人造纤维"，制成纺织品。2016年12月，LHLH合肥工厂联系再生塑料制衣厂家，将生产线淘汰的废塑料制成工服。这项行动每年可以减少589吨的废塑料，削减CO_2排放量105吨。LHLH承诺在2025年前实现所有产品的塑料包装100%可再利用、可循环或可降解。

第四节　YHJL集团

一、企业介绍

YHJL集团是由著名爱国华侨郭氏叔侄创办经营的，集粮油加工及贸易、油脂化工、粮油科技研发等科工贸业务为一体的多元化侨资企业。YHJL旗下拥有众多著名品牌，产品涵盖了食用油、大米、面粉、挂面、餐饮专用粮油、食品原辅料、油脂化工等诸多领域。

YHJL长期坚持"以创新发展引领粮油产业前行"的指导思想，致力于在粮油加工领域的科技创新、模式创新、产品创新，全力打造中国粮油产业新模式。YHJL认为，中国的粮油加工产业必须走"转型升级、三产融合、综合利用、环境友好"的循环经济之路，才能越走越宽、越走越远。为此，YHJL开创了以"水稻循环经济"和"大豆循环经济"为代表的全新产业发展模式，取得了显著的社会效益和环境效益。

二、水稻循环经济

中国水稻种植加工大多处于分散种植、粗放加工、产能低效的状况，"小、散、低"的加工格局严重制约了中国水稻产业发展的步伐和市场竞争力。

从2006年在中国黑龙江佳木斯建立第一个水稻加工生产基地起，YHJL在不断探索发展中，逐步确立了"科技创新引领产业升级、名牌带动确保产品质量、综合利用保持技术领先、循环经济驱动绿色发展"的稻米事业发展战略。YHJL坚持潜心研发水稻综合利用的新模式，并及时把研发成果转化到所有工厂项目的规划和建设中，10多年来在这方面的累计投入已达到数十亿元，逐步构建了"精深加工、变废为宝"的全新产业模式。

1. 米糠变"废"为宝，米中自有黄金油

传统粗放型水稻加工是以制取大米为主要加工目标，米糠等副产品没有得到利用。YHJL凭借米糠保鲜技术，既提升稻米油得率和质量，又能从稻米油副产品和米糠粕中提取脂肪酸、米糠蜡、米糠脂、谷维素、阿魏酸等多种高附加值产品，这些衍生产品被广泛应用于专用油脂、油脂化工、化妆品等行业，脂肪酸是肥皂、洗衣粉等日化产品的主要成分之一；米糠蜡可广泛用于皮革护理蜡、地板蜡、汽车蜡中；米糠脂性质较稳定，适合煎炸烹饪；谷维素和阿魏酸是人体必需的营养元素，可广泛用于医药制品及化妆品。这一系列的延伸产品开发，使宝贵的米糠得以充分利用。

2016年相关数据显示，YHJL每年加工稻米油7万吨，可增值约1.4亿元。如果按全国年产水稻2亿吨，可产出米糠1600万吨，出米糠油230万吨计，则全行业可增值约46亿元。如果全国年产2亿吨水稻的副产品米糠全部用来榨油，相当于约1300万吨大豆的出油，这等同于为国家节约了1.1亿亩大豆的种植耕地，将大大提高中国食用油的自给率。

2016年10月25日，在日本东京召开的第三届ICRBO—国际稻米油大会上，来自中国的某稻米油获得中、日、印、泰、越等多个成员国油脂专家的一致好评，荣获大会评选标准最为严苛的唯一"国际稻米油品质大奖"。这标志着中国稻米油生产技术已经达到国际领先水平。"国际稻米油品质大奖"是对中国粮油加工产业进步的褒奖，更是中国制造业实力全面提升的有力证明。

2. 稻壳发电，土地"长"出新能源

YHJL的循环经济模式将传统水稻加工废弃的稻壳用来燃烧发电，使工厂热电供应完全实现自给。稻壳替代化石燃料，不仅节约能源，还能减少二氧化硫等污染气体的排放，创造出巨大的经济效益和社会效益。

据统计，YHJL每年燃烧稻壳约60万吨，相当于节省煤炭约35万吨，节省发电成本约7200万元，可减少二氧化硫排放约3500吨。照此计算，中国每年2亿吨水稻可产4140万吨稻壳，如果都用于发电，可节省煤炭约2600万吨，节省发电成本约49亿元，可减少二氧化硫排放30多万吨。

3. 灰烬变身白炭黑，产业跨界促升级

用稻壳灰制取活性炭和白炭黑，是YHJL水稻循环经济模式的最后一环，也是技术难度和科技含量最高的一项成果，一吨稻谷产生的稻壳可以制取0.03吨高附加值的白炭黑。

这种从稻壳灰中提取的高分散型白炭黑较普通白炭黑更具补强性，世界著名轮胎生产商经过反复测试和数据比对，充分证明稻壳白

炭黑不仅能显著地增加橡胶的强度，更能降低轮胎滚动阻力，提高车辆的燃油经济性，是生产绿色轮胎的最佳原料。自2012年11月欧盟"轮胎标签法"实施以来，绿色轮胎成为轮胎产业发展方向，高分散型白炭黑呈现巨大的需求潜力。目前，YHJL生产的稻壳白炭黑，已经实现与轮胎生产巨头的跨行业合作，正在全球范围推广应用。

2017年4月，YHJL旗下YH（佳木斯）粮油工业有限公司被国家发改委正式批准为"国家水稻加工循环经济标准化试点单位"，标志着这一全球领先的水稻循环经济模式已经纳入国家绿色发展规划。

一粒稻谷，在YHJL人的手里，不仅可以化身为品牌大米，还可以衍生出卵磷脂、米糠蜡、谷维素、米硒粉等高附加值的产品，而且能发电、可制油、可变身绿色环保的轮胎，实现了对每一粒稻谷的"吃干榨尽"。

三、大豆循环经济

在传统的产业模式下，国产大豆主要限于油脂和饲料生产领域，无法发挥其优势。YHJL针对国产大豆的蛋白特点和非转基因优势，开发出目前世界上产业链条最长、技术水平最高、产品品类最丰富的大豆精深加工产业模式，在世界同类企业中率先实现了对大豆进行综合利用。在这种产业模式下，国产大豆经过不同的生产线分别被加工成豆油、食用磷脂、糖蜜豆皮、酱油豆粕、食用豆粉、浓缩蛋白、分离蛋白、组织蛋白等总计200多种精深加工产品；即使是精炼豆油产生的废白土、皂脚、脂肪酸等副产品，也会被YHJL油脂化工企业悉数回收，完成循环再利用。依靠这种模式，国产大豆的独特优势被充分开发，实现了转化增值。

1. 发挥国产大豆优势，提高产品附加值

在YHJL，优质国产大豆被加工成两种子品牌食用油，而原本只是作为饲料原料的豆粕则被用于生产高附加值产品，使大豆的商品价值得以充分开发利用，同时整个生产过程达到无废气、无废水、无废渣，实现了无污染零排放。

YHJL已经能够生产不同加工特性的大豆蛋白品类，其大豆蛋白加工技术处于世界领先地位，在国内外市场的不同食品领域广泛应用。功能性大豆浓缩蛋白、营养型浓缩蛋白、注射性浓缩蛋白等产品被广泛应用肉制品、鱼糜制品、烘焙食品、婴儿食品等行业；组织蛋白采用国内非转基因大豆为原料生产的纯天然植物蛋白产品，在肉制品、冷冻食品和休闲食品中被广泛应用；食用大豆磷脂被世界各国列为安全的、多用途的食品添加剂及乳化剂，在医药、食品、化工、轻工等行业有广泛应用；酱油豆粕是高蛋白的食品级发酵原料，广泛用于调味品、酶制剂、水解蛋白和生物医药发酵等行业。

2. 综合利用，粮油加工产业链条再延伸

YHJL把循环经济的理念引入大豆加工产业，油脂加工产生的废弃化工油脂及固体废弃物进行回收、深加工和综合利用，使产业链条进一步延伸。目前，这种循环经济和资源综合利用的产业模式已经取得了良好的经济效益。

在绿色发展理念的指引下，YHJL将节能减排，作为企业效益提升的一个重要手段。以YHJL秦皇岛大豆深加工基地—秦皇岛JH工业

第三章 学一学：国内外绿色企业创建案例及成效

为例，该企业研究开发出化工产品和油脂产品加工过程中的固体废弃物和高浓度废水废液的综合治理新技术和新工艺，以及降低蒸煮罐蒸汽使用量的技术创新项目。举例来说，分离蛋白工艺得到的蛋白废水，经过厌氧发酵处理产生的沼气可生产3.2万吨蒸汽，用于生产，实现年产值300多万元；发酵处理之后的废水再经过处理后可重新作为生产用水，实现循环利用；油脂在脱色过程中需要添加白土，过滤出来的废白土中含有约30%的油，其中一半以上的废油可回收用于油脂化工行业，废油年回收量近1000吨，剩下的废土掺入煤炭中燃烧。

第五节　ZXBF集成电路制造（北京）有限公司

一、企业介绍

ZXBF集成电路制造（北京）有限公司是目前国内最先进40~28纳米集成电路晶圆的集成电路制造公司。自2013年公司成立以来，ZXBF始终把节能、环保、健康和安全放在经营的重要地位，积极打造绿色工厂，制订了一系列管理方法，绿色发展已经融入企业设计施工、设备采购和日常运营等各个环节，废弃物排放方面远低于国家标准排放限值。

二、基础设施建设

厂房建设方面，ZXBF12英寸厂房曾于2015年5月荣获美国绿色建筑委员会（USGBC）认证的"能源与环境设计先锋"（LEED）金奖，是中国本土首个获得认证的晶圆厂房。ZXBF厂房建设严格遵照LEED认证的要求进行设计和建设，厂务设备耗能比国家颁布的标准能源消耗低25%；建筑装修材料，包括涂料、粘接剂、密封剂等，均采用LEED认证的产品，严格控制挥发性有机物的使用，并彻底禁用氯氟；施工过程由LEED认可的权威机构全程监管。雨水回收利用方面，厂区建有雨水回收池，所有的雨箅子都通过管道与雨水回收池相连接（见图3-11）。

图3-11 基础设施的绿色化建设

照明配置方面，公司办公室全部安装LED灯，在公共区域也尽可能做到节约能源，如采用将楼梯灯全部替换成声光控开关和人体感应开关、关掉走廊部分照明、关闭落地窗走廊照明、常关照明开关标志等举措节能省电，每年节约电能约32.4万千瓦时。此外，ZXBF厂区照明全部采用太阳能电池板进行供电，每年节约电能约8.1万千瓦时。

电机采购方面，公司全部采购进口新型高效能发电机，大大降低了能耗。核对《不符合首都功能定位的工业行业调整、生产工艺和设备退出指导目录（2013年本）》《产业结构调整指导目录（2011年本）2013年修订》《北京市工业污染行业、生产工艺调整退出及设备淘汰目录》（2014年版）及《高耗能落后机电设备（产品）淘汰目录》（第一批)(第二批)(第三批)(第四批)发现,公司未使用国家明令淘汰的落后机电设备。

三、资源能源利用

1. 再生水替代自来水成为生产制程用水

集成电路制造已精确到纳米级,微小的失误都会影响生产线良率的稳定性,集成电路制造企业普遍采用自来水作为生产制程用水,以降低风险。考虑北京缺水的特点,ZXBF在建厂伊始,大胆引用再生水替代自来水,作为生产用水和配套冷却水塔、空调洗涤塔的水源。目前,企业自来水替代率已达到90%,水资源综合利用率达到98%以上,极大降低了水资源消耗,节约了水资源。

2. 华润协鑫废热再利用

集成电路生产需要90℃热水,使用后水温会下降至70℃,业界均使用热蒸汽进行加温。ZXBF发挥地利优势,将厂区对面华润协鑫电厂热水锅炉的余热通过管道引入,采用板式热交换器对ZXBF的循环热水进行加热,以代替循环热水系统中市政蒸汽,大量减少了市政蒸汽的用量,并且保证循环热水系统更加稳定运行。

3. 制程废水回用

ZXBF在建厂之时,设计建造了生产冲洗排放水回收系统(见图3-12)。该系统在企业投产后即开始收集生产冲洗排放水,废水按酸碱浓度分类收集并进行水质分析,浓度高的溶液回收再利用,浓度低的溶液经过吸附和反渗透过滤等多道处理设备后，回收到纯水箱，继续用于生产。此外，制程冷却水热回收系统、自由冷却系统等多套环保设备的应用，也极大程度地降低了水、电、蒸汽等资源或能源消耗，从生产源头做到绿色发展。

图3-12 制程废水回用系统

四、产品绿色生产

ZXBF主营业务为12英寸集成电路代工，产业链上游企业为集成电路设计企业，芯片生产从设计端开始就全部以低功耗为主要指标。在芯片生产过程中，ZXBF致力于降低材料及有害物质的使用量。目前，公司以现有设施及技术为依托，联动企业、科研院所、第三方机构及下游企业，凝聚产学研多方资源，共同组建绿色制造联合体，共同开展"ZXBF绿色制造技术升级项目"（获工业和信息化部以及财政部支持）。该项目在现有湿法清洗工艺的基础上，针对集成电路制造流程中的不同制程步骤分别进行工艺研究及改进，实现在40纳米和28纳米制程中，将最终产品平均单片清洗工艺中硫酸的使用量由20升降至16升以下，单片硫酸的使用量减少20%以上；废酸进行无害化处理，无新危废产生。项目实施减少了原材料的使用和废弃物的排放，从根源上消除了废硫酸外运造成的环境风险，为打造环境友好型企业、实现可持续发展提供了技术支持，同时为壮大科研创新人才队伍，不断引领集成电路行业的可持续绿色发展做出了贡献。

五、末端污染治理

废物处理方面，ZXBF拥有六大类废液处理系统及三大类废气处理系统，提升了末端污染治理能力。废液处理系统主要分为：含氨废液处理系统、含氟废液处理系统、含铜废液处理系统、一般酸碱废液处理系统、研磨废液处理系统以及生活污水处理系统。废气处理系统主要分为：酸性废气处理系统、碱性废气处理系统以及有机废气处理系统。固体废物方面，ZXBF建有固废回收站，分类贮存工业固废，并在外运处理处置环节，始终与北京市有专业处理资质的公司保持紧密合作，保证了废物的无害化处理。

2017年，ZXBF由北京市推荐，进入工信部发布的第一批绿色制造示范企业名单，成为绿色工厂示范企业。

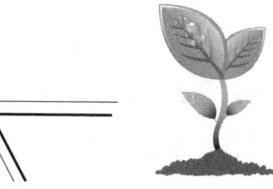

第四章

怎么做：如何创建绿色企业

工业生产是物质财富的主要来源,工业化是现代国家不可逾越的发展阶段。在近几十年的发展历程中,工业化为社会创造了巨大财富,提高了人民的物质生活水平,同时也消耗了大量资源,对生态环境造成了损害,给生态环境带来了巨大压力,使得人类社会遭遇全球石油危机、资源短缺、环境污染、全球气候变暖等生态环境问题,但历史和辩证地看,也能看到替代性能源及清洁生产工艺、环境治理技术的发明与创造对能源危机及生态环境危害的缓解与改善。经济、技术的发展不总是环境的对立面,也可以成为环境的改造者。可以说,工业生产的创造性与污染排放破坏性之间的矛盾,一直以来是环境与社会发展研究的核心议题。事实上,经济增长与环境保护之间的关系也呈现调和的"绿色、可持续发展"的发展趋势,并已经成为全球主要经济体的共同选择与国家重要战略,整个世界都在围绕着环境发生着深刻的改变。在国际金融背景和气候变化背景下,推动绿色增长,实施绿色新政已经成为国际大趋势,塑造制造业清洁、高效、低碳、循环等绿色发展理念,积极制定促进绿色经济发展的政策,实施"再工业化战略"已成为世界范围内大多数发达国家与发展中国家制造业谋求竞争发展的重要手段。

中国作为制造业大国,但一些制造企业仍未摆脱高投入、高消耗、高排放的发展方式,面临严峻的资源环境瓶颈约束,给生态环境带来了巨大压力,影响了人民生活质量的进一步提高。党的十八大以来,在创新、协调、绿色、开放、共享的发展理念与制造强国战略推

第四章　怎么做：如何创建绿色企业

动与引领下，我国已经形成了《中华人民共和国国民经济和社会发展第十三个五年规划纲要》《中国制造2025》和《工业绿色发展规划（2016—2020年）》等绿色发展工程指导文件。这些文件明确提出了绿色发展的基本方针，着力部署了绿色工厂的建设与绿色制造体系构建。未来五年，可以说是落实制造强国战略关键时期与实现工业绿色发展的攻坚阶段，创建绿色企业已成为完成我国绿色发展工程这一历史任务的重要抓手。

　　本章将从三个方面对绿色企业的创建进行介绍与分析。首先主要介绍创建绿色工厂的标准。绿色工厂是创建绿色企业的重要载体，该节主要分析绿色工厂的概念、范畴以及相关的建设内容，对我国开展绿色工厂创建的标准进行探索；其次对绿色企业的要点进行详细介绍。绿色企业是绿色制造体系的关键环节，该节提出了围绕资源能源利用效率和清洁生产水平提升为目标的绿色企业管理体系要点与内容；最后探讨绿色发展的环境表现，展望绿色企业创建成效。

绿色发展新理念——绿色企业

第一节 绿色工厂的创建标准

绿色发展的理念是经济社会发展到一定阶段的必然选择。当今世界，各国都在积极追求绿色、智能、可持续的发展，绿色已经成为世界发展的潮流和趋势。特别是进入21世纪以来，绿色经济、循环经济、低碳经济等概念纷纷提出并付诸实践，通过发展新兴绿色产业和绿色技术，推行绿色制造，实现生产方式的"绿色化"。2010年，韩国通过《低碳绿色增长基本法》，开始实施绿色认证制度；2012年，我国台湾地区工业局正式发布了《绿色工厂标章制度推动作业要点》，并正式启动绿色工厂标章工作。2013年欧盟推广组织环境足迹技术。可以说，工厂作为制造业的基本生产单元，制造业的"绿色化"也亟须工厂朝着具备绿色制造综合属性的工厂转变与升级。2015年5月，国务院发布《中国制造2025》，该文件作为我国实施制造强国战略第一个10年的行动纲领，其中"绿色"作为一个关键词出现了46次，这也是"绿色工厂"概念首次在国家正式文件中被提出，被视为实施制造强国的战略任务和重点。对于作为"世界工厂"的中国而言，如何创建绿色工厂是构建绿色制造体系的基础环节，具有战略的紧迫性和广泛的现实意义。

第四章　怎么做：如何创建绿色企业

一、绿色工厂的内涵与目标

近年来，全球范围内掀起一股"绿色"浪潮，国内外各界对"绿色工厂"的研究非常活跃，但由于该概念提出和研究历史很短，其定义与内涵尚处于探索阶段，至今还没有统一的定义。但"绿色"浪潮的讨论，不管是"绿色化学""绿色工程"还是"绿色制造"，它们的基本原理均是一个综合考虑环境影响和资源效率的现代制造模式，其目标是使产品从设计、制造、包装、运输、使用到报废处理的整个产品生命周期中，对环境的影响（副作用）最小，资源效率最高（见图4-1）。

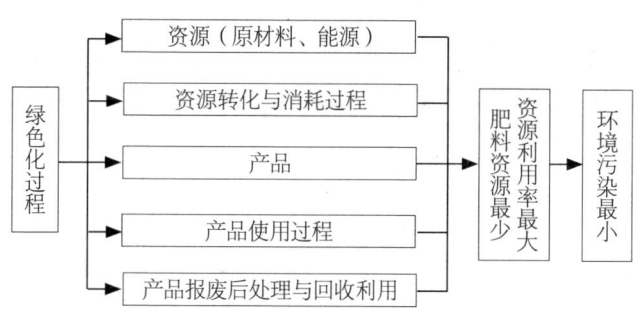

图4-1　绿色化过程中产品的生命周期

已有的"绿色"研究一定程度上奠定了"绿色工厂"的内涵基调，绿色制造本身是一个综合性的概念，需要实现经济利益、环境效益和社会效益的和谐与统一。作为实施绿色制造的主体，绿色工厂也应该是具备绿色制造综合属性的工厂。但从某种意义上来说，绿色工厂只是狭义意义上的"绿色制造",其绿色化过程大部分止步于产品生产过程,具有明确的目标导向性。例如台湾地区将绿色工厂定义为"整合绿建筑与清洁生产之系列化机制,致力于降低工厂厂房于建造、运作,以及产品产制生命周期各阶段之能资源消耗与环境冲击,提升产业与产品之环境友善性,以符合产业低碳化之目标"。国内有研究者将绿色工厂综合定义为"实现用地集约化、原料无害化、生产洁净化、废物资源化、能源低碳化的工厂"。

这一定义在一定程度上是我国绿色制造体系建设对绿色工厂的原则规范与目标设定。近几年来,在我国发布的等一系列相关政策文件中都提及了绿色工厂概念,虽然没有对该概念进行明确定义,但绿色工厂的内涵已然显现,且具有明确的目标导向性。其中,《中国制造2025》《工业绿色发展规划(2016~2020年)》明确提"要建设绿色工厂,实现厂房集约化、原料无害化、生产洁净化、废物资源化、能源低碳化"的"五化"目标;《绿色制造工程实施指南(2016~2020年)》《关于开展绿色制造体系建设的通知》则将绿色工厂与绿色产品、绿色园区、绿色供应链等要素共同构成我国绿色制造体系建设的主要内容,应具备用地集约化、生产洁净化、废物资源化、能源低碳化的"四化"原则。很明显,在我国绿色制造体系建设进程中,绿色工厂的内涵发生了变化,由"五化"变为了"四化",删除了"原料无害化",并将"厂房集约化"改为"用地集约化"。这实质上体现我国开展绿色工厂创建过程中的实践与思考。相比较而言,"用地集约化"要比"厂房集约化"更能体现绿色工厂的节地属性;而"原料无害化"表明对生产过程中的资源利用的高要求,更能体现其"绿色化"的内涵。

第四章 怎么做：如何创建绿色企业

二、绿色工厂的建设内容

结合绿色工厂的相关内涵，并考虑与资源和环境相关的产品生命周期过程，绿色工厂的生产活动均可归结为在一定的基础设施之上，依据工厂的管理体系要求将能源与资源投入生产制造，输出产品、并造成一定的环境排放的过程，整个过程最终产生总体绩效。根据这一特点，绿色工厂的模型如图4-2所示：

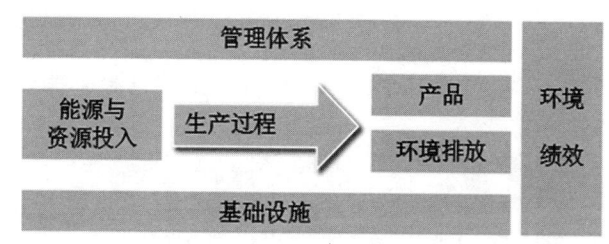

图4-2 绿色工厂模型

资料来源：杨檬，刘哲.绿色工厂评价方法[J].信息技术与标准化，2017（1-2）:25-27.

在这个模型中，基础设施、管理体系、能源与资源投入、产品、环境排放是过程，是实施"绿色化"的主要过程环节；环境绩效是开展绿色制造所达成的效果，对应绿色工厂的原则与目标，应体现用地集约化、原料无害化、生产洁净化、废物资源化、能源低碳化的内涵。从这些模型构成要素来看，每个要素都涵盖了一系列可量化的定性或定量指标，而这些指标则是绿色工厂创建的主要内容。绿色工厂体系框架如表4-1所示。

表4-1 绿色工厂体系框架

构成要素	"绿色化"内容创建要求
基础设施	建筑、照明、专用设备、通用用能设备、计量设备、污染物处理设备等。
管理体系	管理体系基本要求、环境管理体系、能源管理体系、社会责任管理体系等。
能源与资源投入	能源投入、资源投入、绿色供应商管理、进货检验等。
产品	生态设计、有害物质限制使用、节能、碳足迹、回收处理等。
环境排放	工业"三废"排放控制、噪声排放控制、温室气体排放控制等。
环境绩效	包括容积率、单位用地面积产值、单位产品主要污染物产生量、单位产品废气产生量、单位产品废水产生量、单位产品主要原材料消耗量、工业固体废物综合利用率、废水处理回用率、单位产品综合能耗、单位产品碳排放量等。

资料来源：杨檬，刘哲.绿色工厂评价方法[J].信息技术与标准化，2017（1-2）:25-27.

三、创建绿色工厂的标准

绿色工厂创建以标准为基础，以试点示范为手段，制定绿色工厂创建指南和通则。2016年9月，"全国绿色工厂推进联盟"成立，2017年共有201家工厂入选绿色工厂名单，成为绿色制造先进典型。绿色工厂的评价指标及内容如下：

第四章 怎么做：如何创建绿色企业

1. 一般要求

（1）合规性与相关方要求。工厂应依法设立，在建设和生产过程中应遵守有关法律、法规、政策和标准，近三年无重大安全、环保、质量等事故，成立不足三年的企业，成立以来无重大安全、环保、质量等事故；对利益相关方环境要求做出承诺的，应同时满足有关承诺要求。

（2）管理职责。最高管理者应分派绿色工厂相关的职责和权限，确保相关资源的获得，并承诺和确保满足绿色工厂评价要求；工厂应设有绿色工厂管理机构，负责有关绿色制造的制度建设、实施、考核及奖励工作，建立目标责任制；工厂应有绿色工厂建设中长期规划及量化的年度目标和实施方案；工厂定期提供绿色工厂相关教育、培训，并评估教育和培训结果。

2. 基础设施

建筑：工厂新建、改建和扩建建筑时，应遵守国家"固定资产投资项目节能评估审查制度""三同时制度""工业项目建设用地控制指标"等产业政策和有关要求；工厂的建筑应满足国家或地方相关法律法规及标准的要求；厂房内部装饰装修材料中醛、苯、氨、氡等有害物质必须符合国家和地方法律、标准要求；危险品仓库、有毒有害操作间、废弃物处理间等产生污染物的房间应独立设置；工厂建筑从建筑材料、建筑结构、绿化及场地、再生资源及能源利用等方面进行建筑的节材、节能、节水、节地及可再生能源利用；适用时，工厂的厂房采用多层建筑。

计量设备：工厂应依据《用能单位能源计量器具配备和管理通则》(GB17167)、《用水单位水计量器具配备和管理通则》(GB24789)等要求配备、使用和管理能源、水以及其他资源的计量器具和装置；能源及资源使用的类型不同时，应进行分类计量。

照明：工厂厂区及各房间或场所的照明功率密度应符合《建筑照明设计标准》(GB50034)的规定现行值，工厂厂区和办公区采用自然光照明。

3. 管理体系

根据质量管理体系、环境管理体系、能源管理体系的基本要求，企业应建立、实施并保持满足GB/T19001要求的质量管理体系和满足GB/T28001要求的职业健康安全管理体系；应建立、实施并保持满足GB/T24001要求的环境管理体系；应建立、实施并保持满足GB/T23331要求的能源管理体系；通过质量管理体系、职业健康安全管理体系、环境管理体系、能源管理体系第三方认证；每年发布社会责任报告，说明履行利益相关方责任的情况，特别是环境社会责任的履行情况，报告公开可获得。

4. 能源与资源投入

能源投入：工厂应优化用能结构，在保证安全、质量的前提下减少能源投入；工厂及其生产的产品应满足工业节能相关的强制性标准；已明令禁止生产、使用的和能耗高、效率低的设备应限期淘汰更新，用能设备或系统的实际运行效率或主要运行参数应符合该设备经济运行的要求；适用时，工厂使用的设备应达到相关标准中能效限定值的强制性要求。工厂建有能源管理中心；工厂建有厂区光伏电站、智能微电网；工厂使用的通用用能设备采用了节能型产品或效率高、能耗低的产品；工厂使用了低碳清洁的新能源；可行时，使用可再生能源替代不可再生能源。

资源投入：工厂应减少原材料，尤其是有害物质的使用；工厂应评估有害物质及化学品减量使用或替代的可行性。

采购：工厂应制定并实施选择、评价和重新评价供方的准则，确保供方能够提供符合工厂环保要求的材料、元器件、部件或组件；工厂应确定并实施检验或其他必要的活动，确保采购的产品满足规定的采购要求；满足绿色供应链评价要求。

5. 产品

生态设计：工厂在产品设计中引入生态设计的理念，满足绿色产品（生态设计产品）评价要求。

节能：工厂生产的产品若为用能产品，应满足相关产品的国家、行业或地方发布的产品能效标准中的限定值要求，建议达到先进值要求；未制定产品能效标准的，产品能效应不低于行业平均值，建议达到行业前20%的水平。

碳足迹：采用公众可获取的标准或规范对产品进行碳足迹盘查或核查；利用盘查或核查结果对其产品的碳足迹进行改善，盘查或核查结果对外公布。

有害物质限制使用：工厂生产的产品应减少有害物质的使用，并满足国家对产品中有害物质限制使用的要求；实现有害物质替代使用。

6. 环境排放

污染物处理设备：工厂应投入适宜的污染物处理设备，以确保其污染物排放达到相关法律法规及标准要求。污染物处理设备的处理能力应与工厂生产排放相适应，并应正常运行。

大气污染物排放：工厂的大气污染物排放应符合相关国家标准及地方标准要求。

水体污染物排放：工厂的水体污染物排放应符合相关国家标准及地方标准要求。

固体废物排放：工厂需委托具有能力和资质的企业进行固体废弃物处理，适用时应符合相关废弃产品拆解处理要求标准。

噪声排放：工厂的厂界环境噪声排放应符合相关国家标准及地方标准要求。

温室气体排放：工厂应采用公众可获取的标准或规范对其厂界范围内的温室气体排放进行盘查，建议获得温室气体排放量第三方核查声明，并利用盘查结果或核查结果对其温室气体的排放进行改善，建议核查结果对外公布。

7. 绩效

用地集约化：工厂容积率应不低于《工业项目建设用地控制指标》的要求，建议达到要求的1.2倍以上；单位用地面积产值不低于地方发布的单位用地面积产值的要求，建议达到要求的1.5倍以上；未发布单位用地面积产值的地区，单位用地面积产值应超过本年度所在省市的单位用地面积产值，建议达到1.2倍以上。

生产洁净化：单位产品主要污染物产生量（包括化学需氧量、氨氮、二氧化硫、氮氧化物等）应不高于行业平均水平，建议单位产品主要污染物产生量优于行业前20%水平；单位产品废气产生量应不高于行业平均水平，建议单位产品废气产生量优于行业前20%水平；单位产品废气产生量优于行业前20%水平，建议单位产品废气产生量优于行业前20%水平。

废物资源化：单位产品主要原材料消耗量应不高于行业平均水平，建议单位产品主要原材料消耗量优于行业前20%水平；工业固体废物综合利用率应大于65%，建议工业固体废物综合利用率达到73%；废水处理回用率高于行业平均值，建议废水处理回用率优于行业前20%水平。

能源低碳化：单位产品综合能耗应符合相关国家、行业，或地方标准中的限额要求，建议达到先进值要求；未制定相关标准的，应达到行业平均水平，建议应优于行业前20%水平；单位产品碳排放量应不高于行业平均水平，建议单位产品碳排放量优于行业前20%水平。

总体而言，绿色工厂应在保证产品功能、质量以及制造过程中员工职业健康安全的前提下，引入生命周期思想，满足基础设施、管理体系、能源与资源投入、产品、环境排放、环境绩效的综合评价要求。在创建过程中应优化制造流程，应用绿色低碳技术建设改造厂房，集约利用厂区；选用先进适用的清洁生产工艺技术和高效末端治理装备，减少生产过程中资源消耗和环境影响，营造良好职业卫生环境；实行清污分流、废水循环利用、固体废物资源化和无害化利用；采用先进节能技术与装备，建设厂区光伏电站、智能微电网和能管中心，优化工厂用能结构；推行资源能源环境数字化、智能化管控系统,实现资源能源及污染物动态监控和管理。

创建绿色工厂应按行业选择一批基础好的企业率先开展试点,再择优选取示范企业树立标杆,以此带动更多企业创建绿色工厂,共同支撑推进绿色制造工程。2016年9月,"全国绿色工厂推进联盟"成立,2017年共有201家工厂入选绿色工厂名单,永高股份双浦分厂作为绿色制造先进典型企业之一,拥有"太阳能光电建筑一体化"与"地下地上温差空气对流系统"。其中,"太阳能光电建筑一体化"充分利用厂房屋顶的有效使用面积,将太阳能电池组与建筑的有机结合,综合本地的地理区域光照充足的优势,将光能转化为电能,积蓄能源为已所用。另外,太阳能电池组件直接吸收太阳光发电,降低了屋顶的温度,减轻了建筑物的空调负荷,降低了空调能耗;"地下地上温差空气对流系统"即在车间地上与地下部分设计了通风口和排气口,利用地层之间的温差与对流循环的关系,达到冬季制热和夏季制冷的目的。

绿色发展不是单个工厂的孤立行为,而是渗透到产品生命周期的各个阶段,辐射从资源提取到生产、消费,再到废弃物处置循环利用的产业价值链上每一个环节,使得产业链所有环节都体现环境友好性特征,并最终实现价值链各个环节的绿色化。绿色企业的创建,可以说是建立在对传统发展模式的替代甚至是摒弃的基础上,是企业环境行为的根本性变化,分析一个企业的环境影响和改进机会,首先要找到促使其改变的驱动力,抓住要领才能够从企业外部与内部设计改良企业绿色转变的工具与方法。

第四章 怎么做：如何创建绿色企业

第二节 创建绿色企业的要点

绿色企业是一个整体的、系统的概念，它以追求环境效益、社会效益与经济效益的"三益"为目标，借助于文化、组织、管理的支撑，力图通过企业自身在采购、设计、制造、营销、服务等环节以及人员、资金、技术、信息等要素的变革，实现企业全方位"绿化"。绿色企业的体系结构如图4-3所示：

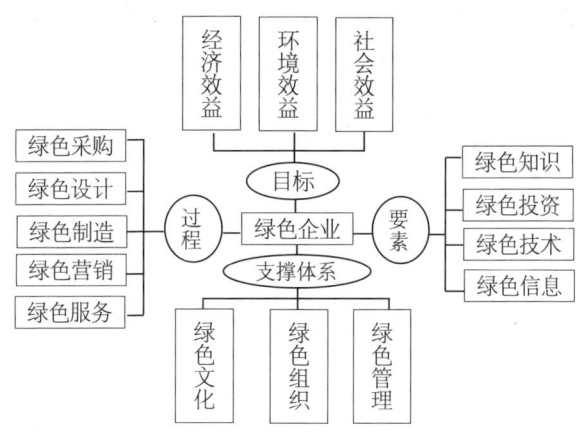

图4-3 绿色企业的体系结构

资料来源：张太海，基于循环经济的绿色企业[J].经济管理，2005（3）:12-14.

一、绿色企业的创建

1. 创建绿色企业的宏观措施

（1）政策引导，市场推动。发挥政府在推进工业绿色发展中的引导作用，优化工业结构和区域布局，加强机制创新，形成有效的激励约束机制。强化企业在推进工业绿色发展中的主体地位，激发企业活力和创造力，积极履行社会责任。

（2）创新驱动，标准引领。促进工业绿色发展科技创新、管理创新和商业模式创新，研发推广核心关键绿色工艺技术及装备。健全标准体系。聚焦工业绿色发展需求，围绕绿色产品、绿色工厂、绿色园区和绿色供应链构建绿色制造标准体系，提高节能、节水、节地、节材指标及计量要求，加快能耗、水耗、碳排放、清洁生产等标准制修订，提升工业绿色发展标准化水平。

（3）改造存量，优化增量。加快传统制造业绿色改造升级，鼓励使用绿色低碳能源，提高资源利用效率，淘汰落后设备工艺，从源头减少污染物产生。积极引领新兴产业高起点绿色发展，强化绿色设计，加快开发绿色产品，大力发展节能环保产业。

（4）全面推进，重点突破。着力解决重点行业、企业和区域发展中的资源环境问题，充分发挥试点示范的带动作用。积极推进新兴产业和中小企业的绿色发展，加快工业绿色发展整体水平提升。

2. 创建绿色企业的微观措施

（1）树立绿色价值观，制订绿色发展规划，建立绿色发展机制。

绿色理念、绿色价值观，是建立绿色企业的思想基础，同时还须制定有利于企业长远发展的推进企业绿色化的具体规划，并通过相关的管理机制推动其实施。

（2）增加绿色科技投入，加快企业技术创新。绿色技术是解决资源耗费和环境污染产生的主要办法，能够有效提高资源和能源利用效率，减少工业生产对生态环境的影响，既可以为企业带来效益和增强绿色竞争力，又可以在不牺牲环境的前提下发展，是建立绿色企业的关键。目前企业技术创新除了节能、清洁生产、资源综合利用、循环发展等传统科技外，也亟须绿色与互联网等智能技术相融合。

（3）设立绿色管理组织，健全绿色管理制度。企业要组建完备的绿色管理组织，利用内部各职能部门的力量，建立企业生态环境目标责任制，把企业生态环境责任和生产经营责任有机结合起来，建立全方位的企业绿色管理运行机制。

（4）进行绿色管理创新，建立绿色管理体系。结合企业实际情况，建立系统化、标准化的绿色管理体系，积极推行ISO14000环境管理体系，建立绿色成本核算制度，正确评估自然资源损耗成本、环境污染成本、企业资源生产率和产生的环境代价，强化对企业行为的事前、事中和事后控制。

3. 建立评价机制

加快建立自我评价、社会评价与政府引导相结合的绿色制造评价机制。加快制定绿色制造评价制度，研究提出绿色制造评价方法和指南，制定分行业、分领域绿色评价指标和评估方法，开发应用评价工具。开展绿色产品、绿色工厂、绿色园区、绿色供应链评价试点，引导绿色生产,促进绿色消费。鼓励引导第三方服务机构创新绿色制造评价及服务模式,面向重点领域开展咨询、检测、评估、认定、审计、培训等一揽子服务,提供绿色制造整体解决方案。强化绿色评价结果应用,建立实施能效、水效和环保领跑者制度,逐步建立评价结果与绿色消费的衔接机制。

二、绿色企业的管理

绿色企业的管理与传统企业的管理在研发、生产、营销、财务、人事等环节都存在较大不同,因此绿色企业的管理就应有别于其他管理模式,而有其自身的特点,这就是绿色管理。绿色管理就是根据绿色企业可持续发展的要求,把生态环境保护观念融入现代企业的生产经营管理之中,从企业经营的各个环节着手来控制污染与节约资源,以提高企业的绿色度,达到企业经济效益、社会效益、环境保护效益的有机统一。在绿色管理思想的指导下,企业应积极研究环保对策,将环保投入作为企业开拓市场、降低成本、实现高效益的有效手段。企业的绿色管理应包括以下内容:

1. 树立绿色价值观

企业价值观是企业经营活动的指导思想,是企业为适应市场环境,求得生存发展,由企业经营者倡导并为企业员工所认同的一系列理念。企业价值观是现代企业文化的核心,在绿色文明时代来临之际,树立绿色价值观,即将环境保护作为企业生存发展的基础之一,是企业推行绿色管理的关键。只有将绿色经营理念导入企业的核心价值观，教育、引导、鼓励员工把企业的发展与生态环境保护以及全社会的共同发展相协调，才能为企业实施绿色管理提供坚实的思想基础，使绿色管理成为员工的自觉行动。

2. 实施绿色设计

绿色设计就是把产品对环境的影响具体体现在产品设计中，即进行面向环境的产品设计。绿色设计与传统设计的根本区别，就在于绿色设计在构思阶段，就把降低消耗、易于拆卸、便于回收和再生利用，以及生态环境保护与产品的性能、质量、成本等因素列为同等重要的设计指标要求，并保证在生产过程中能够顺利实施，从而有效地节能、降耗和防污，并给企业带来可观的回报。

3. 使用绿色技术

绿色技术是指能够节约资源，避免和减少环境污染的技术，是绿色管理的支柱。绿色技术可以分为末端处理技术和污染预防技术。末端处理技术是在默认现有生产体系的前提下，对废弃物采用隔离、处置、处理和焚烧等手段可以减少废弃物对环境污染的技术；污染预防技术着重于污染源头的消减。绿色技术是解决资源耗费和环境污染产生的主要办法，它既可以为企业带来效益和增强竞争力，又可以在不牺牲生态环境的前提下发展，是建设绿色企业的关键。

4. 开发绿色产品

绿色产品的开发过程是企业履行环保义务的关键所在，也是绿色管理的支撑点。所谓绿色产品，不仅指纯天然物品及其加工品，还包括绿色生产的初级品。即从生产到使用、回收处置的整个过程对生态环境无害或危害极小,符合特定的环保要求,有利于资源再生回收的产品。开发绿色产品就是依据消费者的绿色要求,进一步拓展绿色产品的概念,并赋予新的内涵,如绿色品牌、绿色包装、绿色服务和绿色信誉等。企业开发绿色产品的同时,根据国家统一发布的绿色产品标准,通过第三方认证机构开展的绿色产品认证,取得绿色产品标志,向市场提供在全生命周期中资源能源消耗少、污染物排放低、低毒少害、易回收处理和再利用、健康安全和质量品质高的产品。

5. 推行绿色生产

绿色生产又称清洁生产,是指以节能、降耗、减污为目标,以技术、管理为手段,通过对生产全过程的排污审计、筛选、实施污染防治措施,以消除和减少工业生产对人类健康和生态环境的影响,从而达到最大限度地防治工业污染,提高经济效益双重目的的综合型措施。

6. 取得绿色认证

ISO14000是国际标准化组织继ISO9000之后推出的第二个管理性系列标准。污染预防和持续改进是ISO14000的基本思想,它要求企业建立环境管理体系,使其活动、产品和服务的每一个环节的环境影响最小化,并在自身的基础上不断改进。国际企业集团为了增加竞争力、美化企业形象、提高管理水平,争相取得该认证,以向外界展示其实力和环保态度。ISO14000认证体系在国际贸易中被称为绿色通行证,是发达国家经常采用的一种技术壁垒,未符合该认证的企业在将来的国际竞争中将寸步难行。取得该认证，即意味着企业的绿色管理质量得到社会的认可。

7. 开展绿色营销

绿色营销即企业在市场调查、产品研制、产品定价、促销活动等整个营销过程中，都以维护生态平衡，重视环保的"绿色理念"为指导，使企业的发展与消费者和社会的利益相一致。绿色营销是一个复杂的过程，它要求将绿色管理思想贯穿于原料采购和产品设计、生产、销售到售后服务的各个营销环节。绿色营销应包括收集绿色信息、发展绿色技术、开发绿色产品、实行绿色包装、重视绿色促销、制定绿色价格、选择绿色渠道、树立绿色形象、提供绿色服务等。

8. 塑造绿色企业文化

绿色文化是使人类愈来愈好地生存和发展而进行的设计、制造并使之产生积极成果的一种文化，其基本观点是把人与自然、人与人、人自身的和谐作为人类应有的追求，是企业文化的基础。随着企业绿色生产和绿色营销的开展以及员工绿色需求的增长，营造绿色企业文化势在必行。绿色企业文化是以绿色文化为企业经营管理的指导思想，并将其贯穿于企业经营的各个方面，它是发展绿色企业的基础，以开展绿色营销为保证，以满足员工的需求为动力，实现员工、企业、生态和社会可持续发展的经营文化，它是绿色经营模式的灵魂。

总之，绿色企业要做好自身管理，就要对传统的管理模式进行"绿化"。在研发管理方面，要更多地考虑产品对环境的影响，将负面影响降至最低，重视设计、研发节省资源、材料，且对环境污染较少的绿色产品；在生产管理方面，将预防性的环保策略注入产品的生产、制造流程，在保证产品质量的同时，尽可能地做到产品的可回收、低污染；在营销管理方面，将环保理念应用于产品的定价、宣传、销售等环节，在满足消费者需求的同时，注重对产品的评价和改进，拉近营销概念与社会责任之间的距离；在财务管理方面，以绿色会计方法进行企业财务核算，将内外部环境成本纳入当期损益，以价值形式对环境变化进行统计、分析、处理、披露，减少因企业活动而造成的对环境的负面影响；在人力资源管理方面，通过强化员工的绿色意识和绿色价值观，以及激发员工自发性的绿色创新行为，来为企业培养更多的绿色人才。

第三节 创建绿色企业的成效

创建绿色企业的目的是有效地控制环境因素，实现污染预防，取得良好的环境绩效，减少人类各项活动所造成的环境污染，最大限度地节省资源，改善生态环境质量，保持环境与经济发展相协调，促进经济的持续发展。通过创建绿色企业，企业提高了整体素质和环境管理水平，由对环境的事后治理转向事前预防与控制，从治标转向治本，从而实现环境优化，有利于企业从生产方式的粗放型管理向效益型管理转变，促使企业行为与经济发展水平同步，提高企业形象和效益。

一、提升企业形象，增加企业知名度和影响力

成为绿色企业标志着企业的环境管理水平达到了一定高度。标志着企业已经实施了一整套符合国际标准的管理机制，对有关环境、资源等问题进行着有效的管理，特别是表明企业已经严格遵守了有关的环境保护法律、法规、国际公约和其他相关要求。通过绿色工厂评价已成为代表企业形象的重要因素，具有示范与引领行业发展的效果，成为行业可持续发展的展示窗口。

二、改进产品的环境性能,推动企业的技术进步

绿色企业评价指标强调了污染预防,明确规定在企业的环境方针中必须对污染预防做出承诺。在实施绿色工厂评价时,要审核企业在产品设计、生产工艺、材料选用、设备运行、废物处置等以及经营活动的各个阶段是否实现了指标的要求。通过评价的各企业在上述不同的方面均取得了一定的环境绩效。

三、节能降耗,合理配置和利用资源

1. 节约能源和原材料

在绿色企业评价指标中,不仅要求识别有关环境污染方面的环境因素,而且还要识别能源和原材料使用方面的环境因素。因此企业在建立绿色管理体系中,对本企业的能源消耗和主要材料的消耗进行分析,并针对存在的问题制定措施,提高能源或资源的利用水平。

2. 对废弃物实行分类处理和回收利用

采取措施降低工艺过程中的废物产生量,包括降低废品率,减少边角余料等工艺废料的产生量。另外,对产生的废物,要实现减量化、无害化和资源化。很多企业建立废弃物的分类处理和回收利用体系后,废弃物排放量降低的幅度很大,取得了显著的经济效益。

四、推动企业由粗放型管理向集约型管理转变

实施环境管理体系过程是对企业的环境影响状况,资源、能源利用状况等方面的环境因素的一次全面地、系统地调查和分析的过程。要通过这一工作,使企业的各个部门对其活动、产品或服务中的因素进行识别并加以评价,找出重要的环境因素加以控制或管理。例如单位产品主要原材料及辅助材料的消耗量,原材料利用率,各工序的废品损失,由于计划、采购、运输、储存以及生产调度等不当造成的损失,由于工艺或设备落后造成的利用率不高等问题。通过这些调查和分析,找出存在的问题。并制定环境管理的目标、指标和管理方案,通过体系加以管理。

五、取得良好环境效益与经济效益

成为绿色企业意味着有效地控制环境因素,实现了污染预防,取得了良好的环境效益和经济效益。降低污染物产生,不但降低企业污染物排放量,改善区域环境,而且大大减少企业缴纳的环境税;开发设计绿色产品,采用清洁生产工艺,不但提高产品的环境性能,而且降低产品原材料消耗、企业能源消耗和资源消耗,直接降低企业生产成本;对废弃物的回收利用和再资源化,不但节约资源减少废弃物产生,而且还产生直接的经济效益。

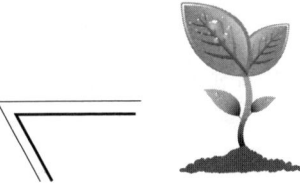

第五章

想一想：绿色企业的未来

开放和竞争作为目前经济发展的主流,企业之间的竞争将日趋加剧。一个企业要在激烈的市场竞争中立于不败之地并不断发展,唯有确立自己独特的竞争优势。目前,绿色产品市场日益壮大,已成为未来市场最主要的发展趋势。企业唯有把握"绿色"这个趋势,积极培育和提升绿色核心竞争力,才能在未来激烈的市场竞争中立于不败之地。

第五章 想一想：绿色企业的未来

第一节 绿色企业发展趋势

一、企业绿色技术创新

开发绿色技术，生产绿色产品是绿色企业的核心竞争优势。因此，绿色企业建设与发展要不断提升绿色技术创新能力。

1. 企业内部运行

企业经营者、管理者应树立绿色技术创新理念，深刻认识到绿色技术创新的必要性。企业应成立绿色技术创新机构，制定绿色技术创新规划，加大人、财、物的投入力度，针对市场需求，开发绿色产品。还要建立绿色技术创新的内部动力机制、信息传递机制等企业绿色技术创新的内部运行机制，提高绿色技术创新效率。据报道，多年来，神华集团坚持绿色发展，致力提升企业绿色技术创新能力，针对神华煤存在熔点低、锅炉燃烧和除灰渣系统运行易发生问题的特点，该集团进行了长期的神华煤燃烧特性技术创新研究，形成了神华煤结渣防治的绿色掺烧技术、运行技术和设备配置技术，带来了巨大的经济效益和生态效益。

2. 外部环境激励

政府应发挥推动绿色技术创新的经济刺激调节作用，通过相关政策倒逼技术落后企业必须提升绿色技术创新能力，通过各种综合手段为企业绿色技术创新创造有利的外部环境。

二、企业绿色发展环境

我国绿色企业的建设与发展虽取得了一定的成就，但依然存在许多问题，如前文所述主要表现在以下几个方面：部分企业经营者和管理者对绿色化建设与发展认识不够；政府对绿色企业建设与发展的政策支持力度不足；绿色企业建设与发展的相关法律制度保障滞后；绿色企业建设与发展中的绿色技术创新瓶颈。应对环境挑战，不仅要求企业自身实现经济发展方式的绿色化转型，而且需要政府为企业实现绿色发展创造良好的社会环境，包括相关政策支持、法律制度保障以及政府管理模式等。

1. 政策法规支持

政府应建立健全绿色企业的相关扶持政策，加大对绿色企业建设与发展的政策扶持力度，对绿色企业建设与发展给予有力支持。

（1）加大对绿色企业建设与发展的财政投入。把传统企业改造成绿色企业，进行绿色生产，需要引进绿色技术，更新生产设备，一些中小型企业由于资金紧张，只能望而却步。这就需要政府给予有力的资金扶持，对于生产绿色产品的企业，政府应给予一定财政补贴，给予一定的优惠政策，鼓励企业进行绿色化改造，创建绿色企业。政府要对绿色企业建设与发展进行持续的经费投入，形成对绿色企业的长效资金支持体系，推进绿色企业的建设与发展。例如，福建省石狮市委、市政府设立污水再生利用工程专项奖励基金、二氧化硫减排专项奖励基金、设立自动监控设备建设补助基金，通过出台多项绿色优惠政策对企业节能减排实施奖励，提升企业绿色主体责任意识，推动绿色企业发展。

（2）开征环境保护税，深化资源环境价格改革。《中华人民共和国环境保护税法》（简称《环保税法》）于2016年12月25日经全国人大常委会审议通过，2018年1月1日起正式施行。该法规定，不再征收排污费，同时依法征收环境保护税。环境保护税作为新开征的独立绿色税种，以排放应税污染物为征税对象，计税依据有别于其他税收，专业性强，征收管理较为复杂。为此，在2017年，国家税务总局和原环境保护部签署备忘录，建立环境保护税征管协作机制以进一步强化部门合作，明确职责分工。

开征环境保护税是党中央、国务院推进生态文明建设、落实绿色发展理念的重大战略举措。环境税收的产生拓宽了税收的调节领域，不仅在保护人类生存环境方面发挥了重要作用，而且充分体现了税收的"公平"和效率原则，具有重要的社会经济意义。首先，针对污染和破坏环境的行为征收环境保护税无疑是保护环境的一柄"双刃剑"。它一方面会加重那些污染、破坏环境的企业或产品的税收负担，通过经济利益的调节来矫正纳税人的行为，促使其减轻或停止对环境的污染和破坏；另一方面会将征收的税款作为专项资金，用于支持环境保护，在其他有关税种的制度设计中对有利于保护环境和治理污染的生产经营行为或产品采取税收优惠措施,可以引导和激励纳税人保护环境、治理污染。其次,通过对污染、破坏环境的企业征收环境保护税,并将税款用于治理污染和保护环境,可以使这些企业所产生的外部成本内在化,利润水平合理化,同时会减轻那些合乎环境保护要求的企业的税收负担。最后,实现对重工业、高污染、高排放行业实行优胜劣汰。征收环境税将增加企业成本和环保投入,用市场化的手段倒逼、淘汰一些环保意识差的企业,减少政府用行政手段强制关停的阻力。环境税开征是从经济手段督促企业环保,政府应做的是切实保障环境税的合法性、强制性,加强监督管理,落实环境税的征收。

(3)建立和完善绿色消费政策。绿色消费政策可以有效引导绿色企业的建设与发展。首先要扩大消费税的征收范围。向资源能源消耗多、环境污染大的企业征收重税,通过增加生产者的成本,造成产品价格上涨,对消费者产生影响,迫使企业进行生态化改造,生产绿色产品。其次,建立绿色标志制度,对绿色产品给予明确标志。要对从原材料的采掘到最终废弃物的处置,整个产品生命周期过程均符合特定的环境保护要求的绿色产品给予明确标示,明确标示出该产品是绿色产品。

(4)鼓励环保管家服务。环保管家服务主要指的是第三方环境治理的"升级版",即环保服务机构为工业园区/企业提供定制化的、全产业链的第三方治污服务;包括从对区域、项目或企业排污情况调查开始,及时获取并监控辖区企业的环境信息,以及获知区域政策法规的动态,到设计针对性治污方案,再根据需求配套治污设施,最后运营治污设备等全环节。2014年原环境保护部发布的《关于推行环境污染第三方治理的意见》,对环境污染第三方治理的总体要求、推进环境公用设施投资运营市场化、创新企业第三方治理机制和健全第三方治理市场等各个方面提出具体要求,为第三方治理在各地的实际操作提供了重要依据。原环境保护部2015年发布的《关于加强工业园区环境保护工作的指导意见》(征求意见稿),明确了工业园区管理机构的环境保护主体责任,落实了园区企业治污主体责任,强化了环保部门的监督责任;推动建立完善环境服务市场机制,鼓励园区向社会购买环境监测、污染治理等第三方环境服务。目前供给侧改革逐渐成为国家实现去产能、去库存、去杠杆、降成本、补短板的重要手段。对于环保产业的发展,在原环境保护部于2016年4月下发的《关于积极发挥环境保护作用促进供给侧结构性改革的指导意见》中,引入了"环保管家"新概念,明确提出推进环境咨询服务业发展,鼓励有条件的工业园区聘请第三方专业环保服务公司作为"环保管家",向园区提供监测、监理、环保设施建设运营、污染治理等一体化环保服务和解决方案。

环保管家服务能够为企业提供一站式环保托管服务,统筹解决企业环境问题;提高决策科学性,保证服务效果,有效降低企业环保管理成本;同时降低环境产业链各个环节脱节产生的高昂交易成本。环保管家服务是传统环保服务的升级衍生业务,正规的环境管家技术服务公司不但会给企业提供专业优质的环保服务,而且可以大量减少企业的成本开支,省去企业许多的麻烦,让企业所有者和管理者有更多的时间和精力去发展壮大企业,真正让企业实现经济效益和社会效益的双丰收。

2. 法律制度保障

随着我国大力推进生态文明建设,有些环境法律制度已不能适应当前生态文明建设的需要。因此,健全环境法律制度是促进生态文明建设的必然要求,是绿色企业建设与发展的重要保障。

(1)完善相关生态环境保护立法。绿色企业建设与发展需要环境法律制度支撑和保障。我国尚未形成一套完整的与绿色企业建设和发展相适合的法律法规体系。因此,应不断完善与绿色企业相配套的环境法律法规,推动绿色企业的建设与发展。

(2)全面推行排污许可证制度。从20世纪80年代后期开始,我国各地陆续试点实施排污许可证制度。排污许可是具有法律意义的行政许可,是环境保护管理的八项制度之一,是以许可证为载体的,是对排污单位的排污权利进行约束的一种制度。2016年11月,国务院办公厅印发《关于印发控制污染物排放许可制实施方案的通知》(国办发〔2016〕81号,以下简称《实施方案》),表明我国的排污许可制度改革正式启动。为落实《实施方案》,原环境保护部于2016年12月发布《排污许可证管理暂行规定》(以下简称《暂行规定》)。《暂行规定》的实施对规范排污许可制度改革和排污许可证的核发工作起到积极作用。但《暂行规定》只是文件而不是部门规章,为进一步夯实法律基础,原环境保护部在《暂行规定》的基础上,认真总结了火电、造纸行业先行先试的成功经验,制定并发布了《排污许可管理办法(试行)》(原环境保护部令第48号,以下简称《管理办法》)。

《管理办法》要求在核发阶段,企业在排污许可证申请前公开拟申请的内容,核发环保部门在核发排污许可证后公开排污许可证正本和副本中的基本信息、许可事项；在执行阶段，企业应公开执行报告，环保部门应公开对企业持证排污、按证排污执法检查的结果。通过一系列的强制信息披露要求，增加固定污染源管理的透明度，积极引导社会公众监督污染治理的全过程。《管理办法》注重强化排污单位污染治理主体责任，要求排污单位必须持证排污，无证不得排污，并通过建立企业承诺、自行监测、台账记录、执行报告、信息公开等制度，进一步落实持证排污单位污染治理主体责任。改变"保姆式"环境管理模式，建立企业自我监测、自我管理、自主记录和申报，环保部门依规核发、按证监管的法律制度框架。

（3）严格环境执法，完善环境监督制度。各级政府及相关环保部门要加强环境执法力度，严格执行环境保护的法律法规，规范执法行为，严厉打击造成严重资源浪费和环境破坏的违法犯罪行为，实行重大环境事故责任追究制度，对于违法违规企业，加大惩罚力度并责令其进行绿色化改造。

推动绿色企业建设与发展离不开行之有效的环境监督制度。环境监管缺失，就难以形成支持绿色企业建设与发展的社会环境。政府不仅需要依法履行环境监管职能，加大监管力度，还应拓宽关于环境影响评价、公开听证、群众举报等社会多方环境监管渠道，发挥新闻媒体的舆论监督作用，调动公众直接参与环境监督，形成有效的环境监管机制。

（4）利剑出鞘——中央环保督查。2015年7月，中央深改组第十四次会议审议通过《环境保护督察方案（试行）》，明确建立环保督察机制。督察工作将以中央环境保护督察组的形式，对省区市党委和政府及其有关部门开展，并下沉至部分地市级党委政府部门。同年12

月,中央环保督察试点在河北展开。时隔5个月,首批8个中央环保督察组相继进驻内蒙古、黑龙江、江苏、江西、河南、广西、云南、宁夏,开展督察工作。此后,2016年11月下旬至12月底,第二批7个中央环保督察组分别对北京、上海、湖北、广东、重庆、陕西、甘肃等省份进行督察。2017年4月,第三批7个中央环境保护督察组陆续进驻天津、山西、辽宁、安徽、福建、湖南、贵州7个省份。2017年8月,第四批8个中央环境保护督察组陆续进驻吉林、浙江、山东、海南、四川、西藏、青海、新疆(含兵团)开展督察。2018年初,首轮中央环保督察完成全国31个省(区、市)的全覆盖,并公布了所有督察情况反馈。第一轮中央环保督察共受理群众信访举报13.5万余件,累计立案处罚2.9万家,罚款约14.3亿元;立案侦查1518件,拘留1527人;约谈党政领导干部18448人,问责18199人。此外,第一轮中央环保督察共与768名省级及以上领导干部、677名厅级领导干部开展个别谈话,对689个省级部门和单位进行走访问询,使地方领导普遍受到教育,特别是通过督察问责,一批领导干部受到警醒,环保压力得到有效传导,从"督企"转变为"督政"。在中央环保督察效应的带动下,地方政府开始不断建立环境保护长效机制。在中央环保督察风暴背后,体现的是发展理念的转变和决心。

中央环保督察不是"一阵风",原环境保护部一边继续督查,一边开始着手对第一轮督察整改情况进行"回头看",紧盯问题,压实责任。此外,围绕污染防治攻坚战重点任务,针对重点地区大气污染、重点城市黑臭水体污染、饮用水水源地污染,以及影响群众生产生活的突出环境问题,原环境保护部即现在的生态环境部将组织开展机动式、点穴式专项督察,为污染防治攻坚战提供强大助力。

2018年新组建成立的生态环境部在成立后的首场例行新闻发布会上就表示,中央环保督查工作将继续推进深化,再用三年左右时间完成第二轮中央环保督查全覆盖。全面启动七大专项行动,这七大专项行动包括:"绿盾2018"自然保护区监督检查专项行动、重点区域大气污染综合治理攻坚、落实《禁止洋垃圾入境推进固体废物进口管理制度改革实施方案》、打击固体废物及危险废物非法转移和倾倒、垃圾焚烧发电行业达标排放、城市黑臭水体整治及城镇和园区污水处理设施建设、集中式饮用水水源地环境整治,作为打好"污染防治攻坚战"的标志性工程。

在中央环保督查、专项巡查、强化督查以及七大专项行动这样的重重压力之下,污染企业已经面临着越来越多各方的压力,转型迫在眉睫。这就要求企业应该坚持"科技创新是第一生产力,绿色环保是第一生命力"的理念,以绿色环保为首要任务,以满足客户需求为中心目标,以增值服务为最大使命,在谋取经济利益最大化和绿色发展中深耕细作,为中国的绿色生产提供更加环保、更高品质的绿色产品做出自己应有的贡献。

三、企业绿色管理模式

创建绿色企业要求建立健全绿色企业的管理组织和管理机制,使企业形成一个绿色管理的网络,促进企业积极推行清洁生产。

1. 考核评价机制

建立绿色企业指标评价体系。推进绿色企业建设与发展,要完善绿色企业考核评价机制,从企业生产源头到末端治理,从产品生产制造全过程的资源利用到产品的绿色化程度全方位考核评价,对优秀的绿色企业给予奖励。同时,要把绿色企业建设与发展情况作为企业领导考核评价的重要指标,促使企业领导重视绿色企业建设与发展。2012年四川省政府联合多部门制定颁布了《绿色企业通用规范》地方标准。该标准规定绿色企业的基本条件、总要求、方针与原则、策划、运行、监督控制、预防与纠正及评价等要求。该规范实施以来,四川省的一些企业积极推进绿色化改造,积极创造条件争取进入绿色企业行列,有力推动了四川绿色经济发展。

2. 专业团队管理

实行绿色企业团队管理模式。绿色企业管理需要具体的职能部门来履行绿色管理职能,需要具备专业技能的管理团队。管理团队应当具备较高的管理权限和环保知识,并通晓各部门的生产运营状况,根据企业的实际情况制定有效的生态管理机制和环境保护策略,将具体职责细化分工到每一位企业员工身上。这样能及时发现管理过程中的问题,落实相关环境责任,确保绿色企业管理的有序推进和稳步发展。

3. 绿色监管机制

不断完善绿色企业管理机制。推进绿色企业的建设与发展,要在企业生产、经营和管理的整个过程和各个环节,建立全方位的绿色管理和环境监督机制。在企业内部成立绿色企业委员会,当企业遇到重大环境问题时,可以由绿色企业委员会集体决策和解决相关环境问题,增强企业的绿色管理实效。例如,海尔公司长期以来奉行绿色发展战略，以绿色管理推动企业发展，使其在绿色企业发展中堪称表率和典范。

4. 企业信息公开

在生态文明建设新常态下，环境信息公开已经成为经济社会"绿色化"发展的必然趋势。新修订的《环境保护法》增设专门章节对"信息公开与公众参与"制度予以规定，并在企业环境信息公开制度方面进行了创新与发展。积极开展企业信息公开有助于促进企业诚信自律、规范企业信息公示、强化企业信用约束、维护交易安全。

（1）企业主动信息公开。根据我国2014年10月1日起施行的《企业信息公示暂行条例》（以下简称《条例》），企业应依法遵守《条例》，自觉主动向政府相关部门依法依规上报年度报告，配合政府部门向社会公示信息。根据《条例》，企业应当自主申报公示信息。企业不但要公示年度报告信息和其他信息，还要公示其受到政府部门处罚的信息。《条例》做出了政府部门要对企业公示信息情况进行抽查，以及对社会公众举报公示信息存在隐瞒真实情况进行处理的规定。同时，企业应积极主动配合相关环保部门进行污染源监管信息平台的更新，鼓励企业网站设置信息公开模块，定期向公众进行企业相关信息公开。

（2）政府信息公开。为加强对重点监控企业的监督，规范企业自行监测及信息公开行为，督促企业自觉履行法定义务和社会责任，保障公众的环境保护知情权、参与权和监督权，各省环境保护厅都搭建了"重点监控企业污染源监测信息公布平台"。这个平台提供了重点监控企业公开自行监测工作开展情况及监测结果，同时提供所辖各市

（州）环境保护主管部门公布对重点监控企业的监督性监测信息。

（3）强化督查整改情况公开。根据原环境保护部信息公开要求，各省、市、自治区、直辖市及所辖区、县需要将原环境保护部强化督查督办问题的调查核实及处理整改情况向社会公开，接受公众的监督和评议。这些整改情况会在网上详细列出，包括被查处的企业、该企业的主要问题、整改情况、整改期限等，一并接受公众的监督。

（4）四大类环保设施和城市污水垃圾处理设施向公众开放。2017年底，为深入贯彻党的十九大报告中关于"构建政府为主导、企业为主体、社会组织和公众共同参与的环境治理体系"精神，落实《关于推进环保设施和城市污水垃圾处理设施向公众开放的指导意见》要求，原环境保护部会同住房城乡建设部组织各地确定了第一批向公众开放设施单位名单，组织制定了《环境监测设施向公众开放工作指南（试行）》《城市污水处理设施向公众开放工作指南（试行）》《城市生活垃圾处理设施向公众开放工作指南（试行）》《危险废物和废弃电器电子产品处理设施向公众开放工作指南（试行）》四类设施工作指南。这一系列文件出台的意义在于，第一，这是政府部门转变治理方式，增强信息公开度，保障公众知情权、监督权、参与权的有效措施。第二，此举是促进环保企业持续健康发展的有效途径，一方面，四类设施是事关群众生活的基础设施，让四类设施在群众监督之下运行，将有助于企业落实环保主体责任，促进其提高环境管理水平，增强内在治污动力，在未来市场竞争中占得先机、取得优势；另一方面，可以发挥良好的宣传教育作用，提高公众的环境保护素养和意识，获得信任，赢得公众对企业管理和行业发展的认可。第三，让四类设施时刻处于公众的监督之下，可以进一步激发公众参与环境治理的积极性和主动性,通过公众的亲身体验、实地了解,纾解公众对既有项目环境污染问题的疑虑,增进对监管方和企业的信心与信任,从而有效化解"邻避效应"。

(5)12369环保举报平台。12369是环境保护的举报热线,根据中华人民共和国原环境保护部《环保举报热线工作管理办法》设立,"公民、法人或者其他组织通过拨打环保举报热线电话,向各级环境保护主管部门举报环境污染或者生态破坏事项,请求环境保护主管部门依法处理"。随着社会信息化发展和网络日益发达,微信在人们的日常生活中起到越来越重要的作用,为此,原环境保护部环境应急与事故调查中心特建立了"12369环保举报"微信公众号,自2015年6月5日"世界环境日"起正式上线。截至目前,环保微信举报已覆盖除西藏外的所有省份和地市,该微信公众号的粉丝数量已超过10万人。生态环境部每个月会对公众公开全国"12369"环保举报的办理情况。生态环境部"12369"环保举报热线认真履行"有报必接、违法必查、事事有结果、件件有回音"的服务承诺,全力为群众提供优质服务;环保微信举报因界面友好、易操作、受理速度快、办理过程公开的优势,上线使用后就获得了公众的喜爱和认可(见图5-1)。

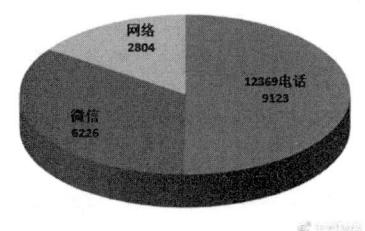

图5-1　生态环境部公布2018年2月全国环保举报来源情况

（6）蔚蓝地图。随着电子政务的发展，人工智能、云计算、大数据等技术将越来越多地应用到政务服务中。例如，"蔚蓝地图"目前的升级版本与生态环境部的公开举报环境违法平台直接连通，提供了一条社会公众参与环境治理的最便捷通道，而这也正是社会公众、环保NGO、研究机构、政府部门、企业等合力参与污染治理的有效途径。

5. 员工环境教育

加强企业员工的环境教育，积极塑造企业生态文化。企业经营者和管理者要加强企业员工的环境教育，加强企业生态文化建设，要制订企业自身发展的环境伦理道德规范，自觉承担企业发展的环境责任，践行企业监督守法责任，并以条文的形式约束企业员工的环境行为，增强员工在生产全过程中的节约资源和保护环境的自觉性，树立企业的绿色形象。

四、企业绿色形象塑造

随着人类社会经济可持续发展战略的推进，经济体系也会随之发生改变，以可持续发展的经济模式替代非可持续发展的经济模式，以适度消费替代过度消费，使经济、自然、社会协调发展。企业作为经济主体，可持续发展将是企业不可推卸的责任，也会是企业坚持不懈追求的目标。因此，将追求经济效益、社会效益、生态效益三者的统一作为最终目标，以坚持可持续发展为根本宗旨的绿色企业形象的塑造是现代企业的必然选择。

第五章 想一想：绿色企业的未来

塑造绿色企业形象，必须构建绿色企业识别系统。绿色企业识别系统是建立在传统的基础之上，将"绿色"这一理念融入系统的各环节之中，做出的相应调整。绿色企业识别系统由三个部分构成：绿色理念识别系统、绿色行为识别系统以及绿色视觉识别系统。

1. 绿色理念识别系统

理念识别的存在对企业的行为识别和视觉识别具有指导性作用。绿色理念识别系统有别于传统的理念识别，在进行具体的识别系统构建之前，必须明确一个主体思想，即坚持可持续发展的理念。不仅将优质的产品和服务提供给社会以满足需求，更要在经营活动中保护和创造优良的自然环境和社会环境，以实现经济效益、社会效益、生态效益三方的协调发展。绿色理念识别包括绿色企业价值观、绿色企业宗旨、绿色企业使命、绿色企业目标、绿色企业精神、绿色企业道德等内容。

企业的价值观是企业最根本、最重要的部分，正确的企业价值观对企业的生存和发展具有重要的作用。企业各项经营决策的做出、员工各项工作的进行，都以企业价值观为驱动力，企业的经营作风和产品形象也都是依据企业的价值观。绿色企业价值观体现在人与自然、社会和谐共处、协调发展的可持续发展观。以前企业追求的只是获得最大的经济效益，而不考虑对自然环境、社会环境、人文环境等所造成的破坏，导致人类为经济的发展付出了严重的代价。而绿色企业价值观强调的是在企业的经营过程中，必须以保护和创造好的自然环境、社会环境及人文环境为前提，以获得生态效益、社会效益、经济效益的协调发展，实现人与社会、自然的可持续发展目标。在可持续发展价值观的引领下,企业要加大力度进行技术创新,从保护环境和人类健康出发,促使科学技术的完善,以达到与环境、社会相融合的目的。在企业经营实践时,同样要注意对健康的关注和对环境的保护,避免在经营过程中产生物质或精神污染现象,切实维护生态环境与社会环境。企业除了在自身的经营过程中做到环境保护,还应积极主动投身于保护环境、维护健康的活动中,切实促进人与自然、社会的共同发展。

企业宗旨指企业为取得在市场竞争中的地位,根据时代和民族文化传统的要求,在长期的企业生产经营和管理过程中形成的共同的文化观念、价值准则、发展目标等,以及由这些因素所形成的企业整体氛围,员工对这种氛围的认同和感受。绿色企业的经营活动,以保护生态环境为前提,以满足消费者需求为目标,以追求经济利益为目的。因此,绿色企业宗旨体现在企业追求经济效益的过程中,对社会效益和生态效益的促进和维护,使三者共同协调发展。

企业使命,即企业是依据什么样的使命开展各种经营活动的。它是构成企业理念识别中最基本的出发点,也是企业行为的原动力。明确了企业使命实际上也就是明确了企业自身存在的意义。使命包含着两层意思:一是物质的,任何企业都必须把追求最大限度的利润作为最基本的使命之一,这是企业发展的动力;二是精神的,即企业对社会的责任。企业除了追求利润外,还必须承担一定的社会责任。这是社会文明的进步,也是社会文明的需要。绿色企业使命在于是以不损害自然利益、社会利益为前提而设定的。绿色企业依然具有追求最大限度的利润的使命,这是企业的基本使命,也是企业生存发展的基础条件,但是这一使命必须和自然、社会保持协调关系,不可为了企业效益而置社会效益、生态效益于不顾。其次，绿色企业必须担负起社会责任，满足社会责任的利益相关者的合理需求，以谋求和谐发展。最后，绿色企业不可忽视的使命是保护生态环境。企业不能将自身的生存建立在生态效益的损害之上，应该努力谋求可持续发展，将环境的破坏程度、资源和能源的消耗程度降到最低。

企业目标即企业在发展过程中预期达到的标准，是企业理念的最直接表现。目标的制定要具备多样性、时间性和可操作性的特点。目标既要体现企业希望达到的效果，又要考虑实现的可能性。目标一旦制定，就要明确传达给企业员工和消费者，否则不但影响计划的实现，也会失去消费者的信任。绿色企业目标：进行技术创新，攻克障碍，促使企业的绿色产品获得系列认证，以达到国际绿色环保标准；进行不断的尝试、改变和创新，生产符合环保标准的绿色产品，以满足日益增长的消费者绿色需求；充分有效地利用资源，杜绝资源浪费现象；生产环境、经营环境同社会环境、自然环境协调共处；创造绿色品牌，树立绿色企业形象，获得社会公众的广泛认可。

企业精神，即思想、观念、心理等因素经长期的相互渗透、影响而逐步形成的一种内含于企业生产经营中的主导意识。它是现代意识与企业个性相结合的一种群体意识。"现代意识"是市场意识、质量意识、服务意识、竞争意识、信息意识、效益意识、文明意识和道德意识等会聚而成的一种综合性意识。"企业个性"是有企业长期积累并发展而来的，是经过确认的企业风格、价值观念、发展目标、服务方针和经营特性等各方面表现出来的企业基本性质。绿色企业精神着重表现在企业的绿色环保精神、绿色健康精神、绿色发展精神。

企业道德高度涵括了企业对社会的责任感，经营道德观，又包含了企业人际协调、合作和个体行为准则。从而使企业价值观融入全体员工的意识、观念之中，激励干部员工对事业、对工作恪尽职守、兢兢业业以及诚实做人、认真经营。企业道德准则的内容包括为顾客着想，不做任何损害组织的不合法的或不恰当的事情，员工诚实、可靠。绿色企业道德包含了以上的要求，但其主要强调的是绿色发展道德观。即无公害、无污染、安全地进行生产和经营，不得因追求经济利益而损害社会利益、生态利益，要为促使经济、社会、自然的协调发展而努力。企业为了获得更广阔的发展，必然要走向绿色发展的道路，这也就要求企业必须坚持绿色发展道德观，用这种道德观去约束和规范企业的行为，让企业真正做到从保护社会文明、生态文明的角度出发进行经济活动，否则那将是为了适应市场发展而做出的形式上的欺骗。绿色企业道德促使企业进行实质上的绿色经营，创造真正意义上的绿色效益。

2. 绿色行为识别系统

行为识别系统是企业理念的直接反映，其旨在企业形成统一的规范性准则。绿色企业行为识别要求企业在自己的实践活动和经营运作中，尊重大自然的生存规律，在谋求自身长远发展的同时，关注社会效益和生态效益的维护，始终将人与自然协调共生放在首位。传统的企业管理制度是从外在进行的强制性约束，而绿色企业行为识别不仅从外在进行约束，更多强调的是从内在进行约束。让员工在内心认可企业的绿色价值观，形成绿色道德观，促使员工自行规范约束，使企业会聚出强大的内在约束力。企业行为的外在约束和内在约束之间的有机结合促使绿色企业理念的实施和推行更为行之有效。绿色行为识别依然分为内部行为识别和外部行为识别两大部分。绿色内部行为识别注重的是获得企业员工对企业的绿色价值观、绿色精神、绿色经营管理等的认可,使员工形成绿色道德观,为公司创造出一个和谐的健康的绿色环境。绿色外部行为识别,则是通过一系列的对外活动(绿色营销、绿色公关、绿色广告、绿色服务等),为企业的绿色形象的建立创造一个良好的外部环境。

3. 绿色视觉识别系统

视觉识别系统是通过以标志、标准字、标准色为核心展开的完整的、系统的视觉表达体系将企业理念与价值观通过静态具体化的视觉传播形式有组织、有计划地传达给社会,树立企业统一识别形象的过程。它将企业理念、企业文化、服务内容、企业规范等抽象概念转换为具体符号,塑造出独特的企业形象。

绿色企业的视觉识别系统构建要注意以下几方面:①企业的标志、标准字、标准色等视觉形象设计要围绕"绿色""健康""环保"进行,所呈现的形象要体现出企业的绿色理念;②在材料选择时,要综合考虑环保、无污染、安全等因素。比如在选择包装材料时,可以选择易分解、无污染的材料;③企业视觉形象传播时也必须符合环境保护的要求。

第二节　绿色企业与我们的生活

主流经济伦理观致使行为主体的行为取向与绿色企业的发展相悖，这是绿色企业的发展缺乏外部动力更深层次的原因。因此，我们需要培育一种新的经济伦理观来发挥其正确导向作用。环境道德以规范人的行为来实现人与自然之间的交往与协作，以维持人与自然的协调性。为此，我们可以教育先行，在全社会范围内实行公民环境教育。通过在小学、中学和大学开设更多的环保知识、环境伦理方面的课程，广泛开展环境教育宣传，以提高公民的环境道德素质，增强环保意识，培育绿色经济伦理观。

培育和发展绿色企业必须宣传、唤起、武装民众，发挥公众参与的社会性基础动力作用。广大公众是环境污染和生态失衡的直接受害者，随着经济社会发展水平的提高，公众的环境意识也在不断增强。

一、绿色意识

提倡绿色文化，强化绿色意识。绿色文化是人类思想观念领域的深刻变革，是在更系统层次上对"道德自然"的尊重和阐释。绿色文化以满足人类的各种需要、尊重人的生命质量为基本理念，追求人与自然、人与人之间的和谐，追求可持续发展。"绿色文化是为了改善人类生存和发展的条件而进行的设计、创造并使之产生积极成果的一种文化,其基本观点是把人与自然、人与人、人自身的和谐作为人类应有追求"。意识是行动的指南,人们只有在观念上接受某一思想才能在实践中实现这种行为。因此,绿色消费观的形成对于人们在日常生活的各个方面践行绿色消费具有重大的意义。绿色消费观更新了人们以往只关心个人利益,尤其是经济利益,很少关心社会生活的环境利益的传统消费观,将消费利益和保护人类生存环境的利益结合在一起,认为牺牲环境为代价换取消费利益是不可取的,从而抵制购买和消费那种在生产和消费过程中产生环境污染的商品。绿色消费观的普及,必将反馈到商品的生产领域,迫使企业采用生态技术和净化生产工艺生产"绿色产品",只有这样才能在现代市场竞争中立足,这对于改善人类的生存环境是十分有利的。

二、绿色消费

转变奢侈消费观,提倡绿色消费理念。绿色消费,也称可持续消费,是一种以适度节制消费、避免或减少对环境的破坏、崇尚自然和保护生态等为特征的新型消费行为和过程,是以"自然、和谐、健康"为宗旨的有益于人类健康和社会环境的消费。真正意义上的绿色消费,不仅仅只是"消费绿色"(选择和消费绿色产品),最为关键的是选择有利于资源节约、保护生态环境同时也最有利于人自身健康幸福的消费行为。

绿色消费包括三方面的含义:一是在消费内容上,倡导在消费时选择未被污染或者有助于公众健康的绿色产品;二是在消费过程中注重对废弃物的处置，尽量减少环境污染；三是在消费观念上，引导消费者转变消费观念，在追求生活舒适的同时注重环保、节约资源和能源，实现可持续消费。

归纳起来绿色消费包括三方面的内容：消费无污染的物品；消费过程中不污染环境；自觉抵制和不消费那些破坏环境或大量浪费资源的商品等。绿色消费改变了资源——产品——废弃物排放的线性经济，发展为资源——产品——再生资源的环状反馈式循环经济，建立了完善的消费废弃物的分类回收系统，实现了有限资源的循环再生。以科学的消费方式保护自然环境，从而提高人的生活质量，实现人与自然的和谐发展。20世纪80年代后半期，英国掀起了"绿色消费者运动"，随后席卷了欧美各国。号召消费者选购有益于环境的产品，从而促使生产者也转向制造有益于环境的产品。这是一种靠消费者来带动生产者，靠消费领域影响生产领域的环境保护运动，这一运动主要是在发达国家掀起，许多公民表示愿意在同等条件下或略贵条件下选择购买有益于环境保护的商品。绿色消费现在已经得到国际社会的广泛认同。

绿色消费方式是绿色生产的强大推动力，积极培育绿色消费意义重大。在市场经济中，消费者掌握着"货币选票"。当消费者选择绿色消费方式、把"货币选票"投向那些低污染产品和无污染产品时，市场力量将引导最终产品和服务，促使生产者采用资源低消耗、高利用、污染少或无污染和环保的生产方式，提供绿色产品和服务。

三、公众参与

开展公众绿色监督。环境保护工作是一项社会性、群众性很强的工作，没有社会的普遍关注，没有公众的广泛参与很难取得成效。新修订的《环境保护法》在总则中明确规定了"公众参与"原则，并对"信息公开和公众参与"进行专章规定。中共中央、国务院《关于加快推进生态文明建设的意见》中提出要"鼓励公众积极参与。完善公众参与制度，及时准确披露各类环境信息，扩大公开范围，保障公众知情权，维护公众环境权益，为贯彻落实党和国家对环境保护公众参与的具体要求，满足公众对良好生态环境的期待和参与环境保护事务的热情，原环境保护部于2015年7月发布了《环境保护公众参与办法》，作为新修订的《环境保护法》的重要配套细则。《办法》的出台旨在切实保障公民、法人和其他组织获取环境信息、参与和监督环境保护的权利，畅通参与渠道，规范引导公众依法、有序、理性参与，促进环境保护公众参与更加健康地发展。

公众作为环境最大的利益相关者，最有动力去监督各相关部门和企业是否履行了环境义务。公众要认识到对环境保护的公众监督既可以监督政府有关部门行政不作为或滥作为，也可以监督企业或个人违反环境保护法律、法规的行为。为实现公众监督与公众参与，一是各级政府环境保护行政主管部门要继续深化政务公开，定期公告辖区环境状况，公开环保审批结果，主动接受公众监督；二是在专项规划和建设项目环境影响评价报告书（表）审批、项目环保设施竣工验收等工作中，邀请项目所在地公民代表参与；三是建立环境污染有奖举报制度，鼓励公众检举控告违法排污行为。对于相关的企业，公众可以根据企业环境行为的信息公开，对企业的环境行为进行监督，推动企业自律控污。

参考文献

[1] 乔永峰，马京生.绿色企业的评价指标体系及评价方法研究[J].经济论坛，2011,（02）:188-194.

[2] 张春丽.绿色企业视角下我国企业承担环保责任现状及提升对策[D].北京林业大学，2014.

[3] 工业和信息化部.工业绿色发展规划（2016-2020年）[EB/OL].2017-12-4. http://www.miit.gov.cn/n1146295/n1652858/n1652930/n3757016/c5143553/content.html.

[4] 徐卫星.《中国工业绿色发展进展报告（2017版）》发布[EB/OL]. 2017-12-4. http://www.cenews.com.cn/qy/qypic/201712/t20171201_860144.html.

[5] 秦书生，胡楠.绿色发展视域下绿色企业建设探析[J].环境保护，2016, 44（09）:40-43.

[6] 乔洪滨，马军，翁晓东.浅谈发展绿色企业的意义及途径[J].内蒙古工业大学学报（社会科学版），2003,（01）:26-28+73.

[7] 汪毅.生态设计理论与实践[D].同济大学，2006.

[8] 李洁，王勇.绿色生态设计在包装设计中的应用[J].包装工程，2014, 35（04）:5-8+16.

[9] 周斌.绿色设计思潮对产品包装设计的启示[J].包装工程，2011，32（02）:99-101+105.

[10] 李守泽，李晓松，余建军.绿色材料研究综述[J].中国制造业信息化，2010，39（11）:1-5.

[11] 杨博，赵建军.生产方式绿色化的技术创新体系建设[J].中国科技论坛，2016，(10):5-10.

[12] 张莉.关于机械产品的可拆卸性设计[J].纺织机械，2003，(03):42-44.

[13] 许汉音.绿色产品设计中材料的选择、再生/回收与利用[J].水利电力机械，2003，25（05）:34-36+39.

[14] 杨博，赵建军.生产方式绿色化的技术创新体系建设[J].中国科技论坛，2016，(10):5-10.

[15] 朱丕荣.绿色资源的开发利用与可持续发展[J].中外科技信息，2001，(10):36.

[16] 路国莲.绿色会计理论与制度建构[J].西部财会，2011，(01):22-25.

[17] 贾毅博.绿色会计理论问题研究[J/OL].现代营销（下旬刊），2017，(09):148，2017-11-01.http://kns.cnki.net/kcms/detail/22.1256.F.20171101.1633.220.html.

[18] 何敏琪.日本富士通公司环境会计案例分析及启示[J].财政监督，2009，(20):70-72.

[19] 俞聆炜.环境会计案例浅析及启示——以日本富士通公司为例[J].科技展望，2017，27（12）:258-259.

[20] 王春霞. 我国中小企业绿色管理的驱动机制研究[D].山东财经大

学，2013:11

[21] 李冰. 企业绿色管理绩效评价研究[D].哈尔滨工程大学，2008：28-30.

[22] 王小丽. 我国中小企业生态管理运行机制研究[D].中国海洋大学，2014：47-51.

[23] 徐大伟. 企业绿色合作的机制分析与绩效测度[D].大连理工大学，2005：23-30.

[24] 贾真，葛察忠，李晓亮. 环保"领跑者"制度进展及建议[J].世界环境，2017，（4）:24-27.

[25] 杨檬，刘哲.绿色工厂评价方法[J].信息技术与标准化，2017，（1-2）:25-27.

[26] 张太海.基于循环经济的绿色企业[J].经济管理，2005，（3）:12-14.

[27] 马军，马京生.浅析绿色企业与绿色管理[J].内蒙古统计，2003，（1）：53-55.

[28] 东昱明.ISO14000环境管理体系认证在我国企业中的作用[J].沈阳农业大学学报，2004年，6（1）:9-11.

[29] 秦书生，胡楠.绿色发展视域下绿色企业建设探析[J].环境保护，2016，44（09）:40-43.

[30] 吴彤，廖建桥.论绿色企业在我国的实现途径[J].工业工程，1999，（03）:6-9.

[31] 张璐.论绿色企业形象的塑造[D].西南大学，2013.

[32] 赵倩.中国发展绿色企业的对策研究[D].辽宁师范大学，2008.

[33] 张梅.试论绿色企业的培育和发展[D].首都师范大学，2009.

[34] 刘晓春.中国绿色企业营销战略研究[D].西南财经大学,2000.

[35] 张文婷,企业环境信息公开制度的发展与实践路径——基于《环境保护法》修订之视角[J].中共山西省委党校学报,2017,(10):86-90.